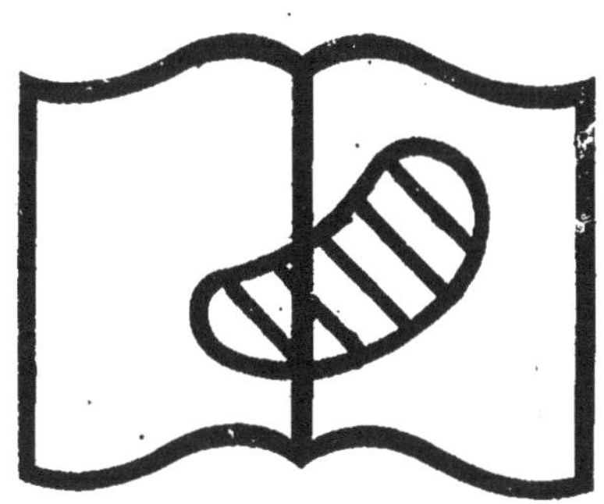

Illisibilité partielle

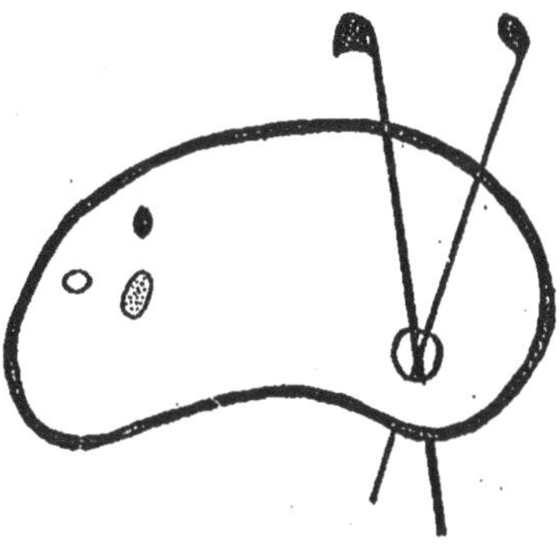

DEBUT D'UNE SERIE DE DOCUMENTS
EN COULEUR

VALABLE POUR TOUT OU PARTIE DU
DOCUMENT REPRODUIT

EUGÈNE ROLLAND

FAUNE POPULAIRE

DE

LA FRANCE

TOME VIII

LES MAMMIFÈRES SAUVAGES (SUITE & FIN)

LE LOUP, LE RENARD ET LES CÉTACÉS

PARIS

CHEZ L'AUTEUR, 5, RUE DES CHANTIERS

(Ve ARRONDISSEMENT)

1908

DU MÊME AUTEUR

EN VENTE

A LA

LIBRAIRIE MAISONNEUVE

Rue Madame, 26

Faune populaire, 1877-1883, 6 vol., in-8°........ 49 fr.

ON VEND SÉPARÉMENT :

Tome I. *Les Mammifères sauvages de la France*, 1877. xv et 179 pp........................... 5 »

Tome II. *Les Oiseaux sauvages*, 1879. xv et 421 pp. 10 »

Tome III. *Les Reptiles, les Poissons, les Mollusques, les Crustacés et les Insectes*, 1881. xv et 365 pp. 10 »

Tome IV. *Les Mammifères domestiques* (première partie), 1881. xii et 276 pp.................. 8 »

Tome V. *Les Mammifères domestiques* (deuxième partie), 1882. vi et 265 pp.................. 8 »

Tome VI. *Les Oiseaux domestiques et la Fauconnerie*, 1883. xii et 244 pp.................. 8 »

Le tome VII et le tome VIII, *Mammifères sauvages, complément*, sont en vente, au prix de 8 fr. le tome VII et de 5 fr. le tome VIII, chez l'auteur, 5, rue des Chantiers, V[e] arrondissement, Paris.

Chartres. — Imprimerie Ed. Garnier, 15, rue Noël-Ballay.

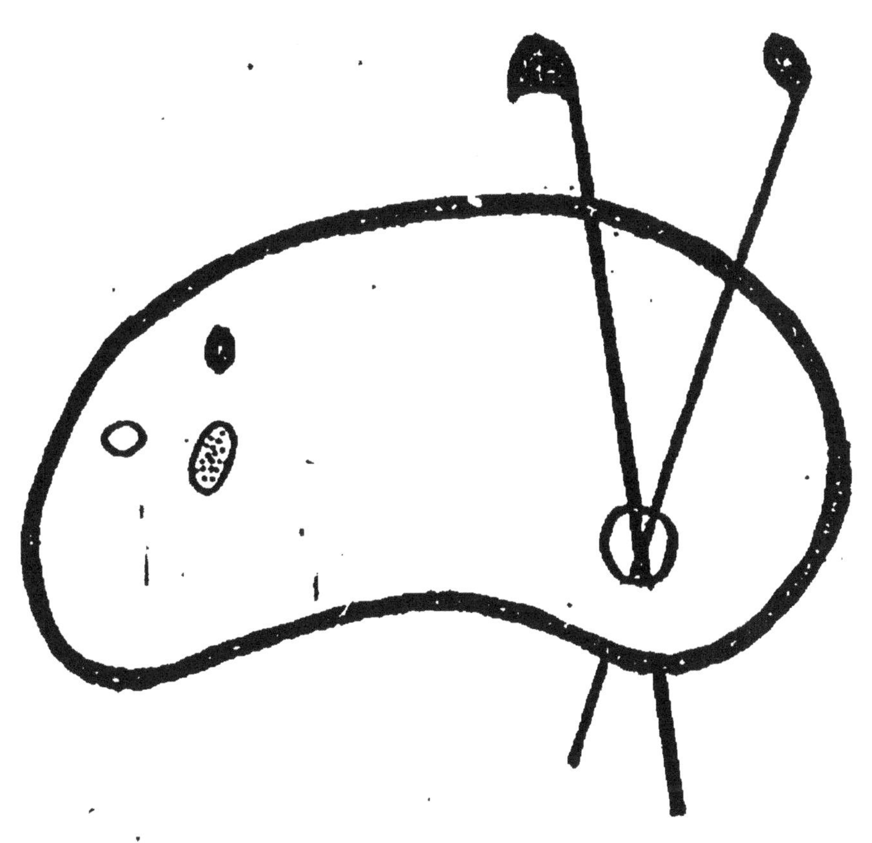

FIN D'UNE SERIE DE DOCUMENTS
EN COULEUR

FAUNE POPULAIRE

DE

LA FRANCE

EUGÈNE ROLLAND

FAUNE POPULAIRE

DE

LA FRANCE

TOME VIII

LES MAMMIFÈRES SAUVAGES (SUITE & FIN)

LE LOUP, LE RENARD ET LES CÉTACÉS

PARIS

CHEZ L'AUTEUR, 5, RUE DES CHANTIERS

(Ve ARRONDISSEMENT)

1908

R.F.

FAUNE POPULAIRE

DE

LA FRANCE

MAMMIFÈRES SAUVAGES

Canis Lupus. (L.) — LE LOUP.

(Voy. *Faune pop.*, t. I, p. 105.)

1. — Noms de l'animal :

lupus, latin.
lirpus, *lyrcus*, lat. du moy. â., Du C.
herpus, l. du m. â., DIEF., p. 276.
[Le mot *hirpus* servait à désigner le loup en langue sabine selon FORCELLINI.]
lup, m., *lop*, m., anc. prov., RAYN.
loupp, m., Nice, Hérault, Aveyron, Aude, Lozère, Tarn, Ariège, H.-Gar., H.-Pyr., B.-Pyr., Gers, Landes, Gironde, Char.-Inf., Deux-Sèvres, Vienne.
lhopp, m., Pyr.-Orient., *Soc. agr. d. Pyr.-Or.*, 1880, p. 283.
lob, m., mentonais, ANDREWS.
louk, m., Charente, Charente-Inf., Vendée, Deux-Sèvres.
lok, m., Hémérence (Valais), LAVALL.
loutt, m., Puy-l'Evêque (Lot), r. p. — Thérondels (Aveyr.), r. p. — Neuvéglise (Cantal), r. p. — Saint-Martin-du-P. (Nièvre), r. p.

louf, m., normand du XIVe s., L. DELISLE, *Actes norm. de la Chambre des comptes*, 1871, p. 21.

laouf, m., Haumont-l.-la-Chaussée (Meuse), r. p.

lò, *loou*, *laou*, *laó*, *laü*, *lëü*, *lëy*, *lo-eu*, *louè*, *léou*, *li-ou*, *lù*, *lu*, *leù*, *lá*, *lā*, en divers patois.

lë~, m., Châtillon de Michaille (Ain), r. p.

louon (monosyllabe), m., Estandeuil (P.-de-D.), r. p.

loupyó, m., Fougerolles (May.), r. p.

chupaou, m., Landujan (I.-et-V.), *Annales de Bret.*, 1900, p. 373. — Saint-Pern (I.-et-V.), PICHOT.

louvé, m., jargon de Razey (près Xertigny, Vosges), r. p.

beste grise, f., fr. du XVe s., *Adevineaux amour.*, Bruges, s. d.

patte grise, f., Ineuil (Cher), r. p.

pé-déscaou (= pied-déchaussé, pied nu), m., langued., SAUV. 1785.

court d'aouréyos, m., *vénìn-vénéri-vénié*, m., Gard, c. p. M. P. FESQUET. [Ces noms sont employés pour ne pas prononcer le mot *loup*, ce qui porterait malheur.]

grande goule, f., nom facétieux dans un conte, Poitou, SOUCHÉ, *Prov.*

souy'ro, f., Lozère, BALDIT (dans *Bull. de la soc. d'agr. de la Loz.*, 1850, p. 134).

souy'rasso, f., langued., SAUV., 1785.

gorp, m., argot des maçons de Samoens (Savoie), BUFFET.

Ysengrin, anc. fr., terme familier, *Not. et extr. d. man.*, an XII, t. VII, p. 447. (Sur ce mot, voyez : G. PARIS dans *Journal des savants*, 1894, p. 590 et p. 603.) [« *Mal Isengrin* était le diable en vieux français. » DU C., VII, 210.]

Glóme (Guillaume), Dinan (C.-du-N.), *Rev. des tr. pop.*, 1905, p. 55. [Ainsi appelé pour ne pas prononcer son vrai nom, ce qui porterait malheur.] Sur ce nom de *Guillaume* appliqué au loup en haut et en bas breton, voir Em. ERNAULT (dans *Revue celtique*, XXVI, 85, 86.)

2. — Pour désigner le loup quand il est grand et terrible, on le nomme :

loupass, m., *loubass*, m., midi de la France.
loubatass, m., Bouches-du-Rh., Gard.

3. — La femelle est appelée :

lovesse, loupvesse, louvesse, leuvesse, anc. franç., God.
loupa, loupo, loupe, loba, lobe, louba, loubo, loube, louva, louvo, lôva, leùva, leûve, luva, laouva, laova, lëüva, lëy'va, lououa, loua, loue, luy', louvèsse, en divers patois.
loûfe, f., *loûftrèsse*, f., *lovèsse*, f., *loûvrèsse*, f., *lovrèsse*, f., *tróy' di leû*, f. (= truie du loup), wallon, Defrécheux.
loute, f., St-Martin-du-Puits (Nièvre), r. p. — Guernesey, r. p.
louvette, f., Noyon, doc. de 1604, God.
loure, f., Morvand, Chambure.
louere, f., anc. dauphinois, A. Froment, *Essais*, 1639.
gorpa, f., argot des maçons de Samoens (Savoie), Buffet.
vouaróhhe, f., jargon de Razey près Xertigny (Vosges), r. p.
Hersent la love, f., nom familier au moyen âge, Martin, *Rom. de Renart*, passim.

4. — Le jeune loup est appelé :

lupellus, lupicellus, l. du m. â., Du C.
lobat, m., anc., prov., Rayn.
loupin, lovel, louvel, louveau, loveau, lovet, louver, louveton, loupval, louphat, louvat, lovat, anc. f., God.
loupi~, m., Nice, Toselli. — provenç., *Rev. d. l. rom. 1884*, p. 39.
lupaut, m., Lorraine, J. François, *Voc. austras.*, 1773.
loupot, m., bourguignon, doc. de 1413, God.
loupyó, m., Saint-Martin-du-Puits (Nièvre), r. p.

loupatt, m., Arrens (Hautes-Pyr.), c. p. M. M. CAMÉLAT.
loubatt, m., Ariège, H.-Gar., H.-Pyr.
loubatoun, m., provenç., PELLAS, 1723.
loubatou, m., Mussidan (Dordogne, CHASTANET, *Per tuà lou tems*, 1890, p. 62. — Lot, c. p. M. A. PERBOSC. — Corr., Bér. — Aveyr., DUVAL.
loubachoun, m., Vaucluse, *Voc. prov.*, 1883.
loubètt, m., langued. — béarnais.
loubé, m., provençal.
lobata~ , m., mentonais, ANDREWS.
loubrò, m., Saint-Georges-Laponge (Creuse), r. p.
loufti, m., Meuse, LABOURASSE.
lombat, m., anç. fr., CAUMONT, *Voyage d'oultremer* publ. par LA GRANGE, 1858, p. 187.
Pinçart, nom familier au moy. âge, MARTIN, *Roman de Renart*, IV, 119.
tôbé, m., jargon de Razey près Xertigny (Vosges), r. p.

Quand le jeune loup vient de naître, on le nomme :

cheaul, m., *chiaul*, m., fr. du XIVe s., GASTON PHŒBUS, pp. 64 et 65.
cheau, m., anc. fr., NICOT, 1606. (Ce nom est plus habituellement donné au jeune *chien* qui vient de naître.)

5. — L'endroit où se tiennent ordinairement les loups, est appelé :

luperia, l. du m. â., Du C.
loupère, f., Vallée d'Aspe (B.-Pyr.), LESPY.
loupiou, m., B.-Pyr., c. p. M. L. BATCAVE.
lobeira, f., *lobeyra*, f., anc. provenç., BARTSCH, *Chrestom.*, 1893, col. 535 ; Du C.
lobere, f., anc. gascon, DU BUISSON, *Hist. monast. Sancti Severi*, 1876, II, 394.
loubèro, f. gascon mod., IDEM.

lovière, f., *louvière*, f., anc. fr., GOD.
loubatièro, f., Mussidan (Dordogne), CHASTENET, *Per tuà lou tems*, 1890, p. 63.

6. — TOPONOMASTIQUE : (1)

Au Loup, Aux Loups, Le Loup, Le Leu, Les Loups, La Loube, La Leuve, Les Loubes, Le Loubet, La Loubette, La Loubine, La Lubine, Le Louvet, La Louvette, La Louvotte, Le Louveau, La Loupie, La Loubie, La Louvie, La Loubarie, La Louperie, La Louberie, La Louverie, La Loupière, La Loubère, La Loubière, La Louvière, Les Lubières, Le Loupier, Le Loubier, Le Lubier, Le Louvier, La Louveterie, Les Loubatières, La Loubatère, Le Loubatier, Le Louvatier, Le Louvetier, La Louvetière, Les Louvetières, La Loupinière, La Louvinière, La Luvinière, Lupiac, Loupiac, Lopiac, Loupy, Lupy, Lupé, Loupé, noms de nombreuses localités.
Luperiae, au XIIe s., loc. de la Provence, *Gallia christiana*, I, 344.
La Lutière, Baume-Loubière, Fort du Loup, loc. des B.-du-Rh., MORTR.
Loubarès, local. du Gard et des B.-du-Rh., A. THOMAS, *Nouv. ess. de philol. fr.*, 1905, p. 86.
Le Loubaou, Le Loubiaou, Valat-Lobaus doc. de 1380, *Luvavilla* lat. de 870, *Loubemore, La Vallobière*, loc. du Gard, GERMER-DUR.
Vaulubière, Cours du Loup, Gageloup, L'Homme du Loup, local. des env. d'Arles, REVEL DU PERRON.
Loupian, loc. de l'Hérault, du Lot-et-Gar.

(1) Les noms que nous publions ici ne viennent pas tous directement du mot *loup* ; il en est comme *Loupiac, Lupy* et autres qui viennent de *Lupus*, nom d'homme assez fréquent dans la basse latinité ou de *Lupius* gentilice.

Lobaressa, languedoc., doc. de 1253, CABIÉ, *Cartul. des Alamans.*

La Lovareci, forêt dans le Dauphiné, docum. de 1343, A. THOMAS, *Nouv. ess. de philol. fr.*, 1905, p. 91.

L'Auberie anciennement *Loberia*, *Combe-Loubatière*, *Champ-Loubier*, *Pratum de Barba Loba* lat. de 1177, *Pratum ad Barbam Lupam* lat. de 1192, *Barbe Louve* aujourd'hui, loc. des H.-Alpes, ROMAN, 1884.

Loupagine, doc. de 1624, loc. de H.-Garonne, SAINT-CHARLES, *Arch. de H.-Gar.*, 1887, p. 169.

Lobaresses, loc. en Tarn-et-G., BOURBON, *Arch. rel. de T.-et-G.*, 1894, p. 221.

Lobéjac, loc. de Tarn-et-G., *Soc. arch. de T.-et-G.*, 1905, p. 338.

Gambaloup, *Tireloup*, loc. de la Drôme, BRUN-DURAND.

Bois-au-Loup, *Boisloup*, *Bouloup*, *Turnaluppum* lat. de 1468, *Tourneloup*, *Château de Cheyloup*, *Montagne de Chienloup*, *La Combe aux Loups*, *Le Pas de la Combelouve*, Savoie, VERNIER.

Lupigny, *Chantelube*, *Chanteleuve*, loc. de H.-Savoie, BRUCHET, *Arch. de H.-S.*, 1904, p. 256 et p. 374.

Puy de Louère, loc. des env. du Mont-Dore, GIROD, *Florule du Mont-Dore*, 1891, p. 5.

La Loubanaire, *Louvret*, *Loubinoux*, *Loubejac*, *Loubergue*, *Louquières*, *La Saigne-Loubert*, *Traloubat*, local. du Cantal, AMÉ.

La Loubaresse, loc. du Cantal, AUBÉPIN, *Arch. civ. du Cantal*, 1904, p. 33.

Lobeyrac, loc. d'Auvergne en 1351, *Gallia christ.*, II, 772.

Puy-du-Loup, *Pelleloup*, *Bauloup*, *Les Loubeyres*, *Les Lubets*, *Loupeux*, *Loubert*, *Fontlobines*, *Laubas*, *Laubénis*, *Laubaresse*, *Laubertanne*, *Loubardanges*, *Loubatoux*, *Loubazet*, *Les Galoubies* (?), loc. du Puy-de-D., BOUILLET.

Champ-Louber, *Chanloubet*, *Comba Loba* doc. de 1371,

Cumba-Lobassa doc. de 1463, *Combe-Loubière, Combe-Loubatière, Loubeyrac* en 1235, *Loubeyrat, Les Loubaux, Porte-Loube, Pagelou, Bufalop* doc. de 1292, *Buffelou*, local. de la Dordogne, DE GOURGUES.

Le Moulin du Loup, Candelop doc. de 1385, *Candalop* doc. de 1548, *Candeloup* aujourd'hui, *Artigaloba* doc. de 1286, *Artiguelouve* aujourd'hui, *Aoustalop* doc. de 1523, *Oustalop* aujourd'hui, *Louvie*, B.-Pyr., RAYMOND.

Lovigner, loc. en Béarn, *Gallia christ.*, I, 1303.

Lubilhac, loc. de l'Ardèche et de la Haute-Loire.

Gandalou, village de Tarn-et-Garonne.

Loplanda en 1170, *Loublanda* aujourd'hui, *Pisseloube, Chargeloub, La Grande-Paloube* (?), *Loubigné, La Loubinière*, loc. des Deux-Sèvres, LEDAIN.

Lobantère doc. de 1221, *Loubantière* en 1488, *La Loubrière, La Loubellerie, La Pierre-Levée de Loubersac, Courteloue* doc. de 1532, *Courteloup*, local. de la Vienne, RÉDET.

Lupersac, loc. de la Creuse.

Lubersac, loc. de la Corrèze et de Lot-et-Gar.

Loubersan, local. du Gers.

Loupignat, loc. de Lot-et-Garonne.

Le Fort-Lupin, local. de la Char.-Infér.

Lupsault, loc. de la Charente.

La Loubresse, local. de la H.-Vienne, A. THOMAS, *Nouv. ess. de philol. fr.*, 1905, p. 360.

Loubart, Loubaudie, loc. de la H.-Vienne, LEROUX, *Arch. civ. de la H.-V.* 1882, p. 373.

Luparicia lat. de 1224, *Loerece* doc. de 1230, *Louresse* aujourd'hui, loc. de Maine-et-L., C. PORT, *Dict. de M.-et-L.*, II, 551.

Lublinière, loc. de la Vendée.

Luponay, Lupieux, Gros-Loup, Luponaz, loc. de l'Ain, SIRAND.

Gros-Loup, Ecorche-Loup, Golet-aux-Loups, Brameloup, Bucleloup, Cornaloux, Lupieu, Mons Lupellus ou *Mons Lopelli*, lat. du m. â., *Montluel* aujourd'hui, loc. de l'Ain, Guigue.

La Queue-du-Loup, Les Teppes-du-Loup, Louvarêl, loc. de Saône-et-L., Guillemin.

Champloup, Pertuis au Loup, Mialoup, loc. de Saône-et-L., Chavot.

Les Louppes, Penlalou, Panlalou, Les Lutinières, loc. de Maine-et-Loire, C. Port, *Arch. eccl. de M.-et-L.*, 1880, pp. 29, 30, 52, 62, 84, 155, 181, 217.

La Taille aux Loups, La Roche aux Loups, loc. d'Indre-et-L., Grandmaison, *Arch. civ. d'I.-et-L.*, 1867, I, 35.

Lublé, loc. d'Indre-et-L.

Le Chaume-au-Loup, La Planche-au-Loup, Les Moulins-Loup, Boissée-au-Loup, L'Oche-au-Loup, Le Chardaloup, Les Riauloup, Les Loges Loubatières, loc. de l'Indre, Hubert.

La Levignère doc. de 1619, *La Louvrerie, La Louvrinière, La Louvelais, Le Louveray, La Louveraie, Louvernay* doc. de 1525, *Louvigné, Louverné, La Louvellière, La Louvardière, La Louaberie, La Loutière, Le Loutoir, La Louyère, Bois-Loup, Bois-Louveau, Bois-Louvre, Le Pâtis aux loups*, local. de la Mayenne, Maitre.

Tête de Loup, Guette-Loup, Mige-Loup, La Chapelle où la Chèvre a pris le Loup, loc. de la Sarthe, Pesche, IV, 602; V, 139, 294, 610; VI, 92.

La Louvetière, Cul de Lou, Louplande, loc. de la Sarthe, Bellée, *Arch. de la Sarthe*.

La Loupe, Le Louvy doc. de 1080, *Villa-Lupi* lat. de 1341, *Villeloux, Ville-Louvette, Malus Lupus* lat. de 1246, *Maulou, Etang d'Outelou* doc. de 1416, *Outeloup* doc. de 1519, *Anteloup* aujourd'hui, *La Laubardière*, local. d'Eure-et-L., Merlet, 1861.

La Croix-au-Loup, Le Poirier-de-la-Louve, Le Merisier-au-Loup, Le Chêne-au-Loup, Le Bois-Louvet, La Côte-aux-Loups, Baisse-Loups, Louvedale, local. de l'Eure, Blosseville, 1878.

Louveriae lat. de 1193, *Louvières, Louviers, Les Louveaux, La Louvelière, La Cour aux Louvets*, local. du Calvados, Hippeau.

Couveloup, Luparoup, Mireloup, Clos-Lupin, Le Louvray, loc. du Pays de Dol (Ille-et-V.), c. p. M. Ch. Lecomte.

Videloup, loc. d'Ille.et-V., c. p. M. Ch. Lecomte.

Landes du Loup, Maison du Loup, La Noë-du-Loup, Le Caranloup, local. du Morbihan, Rosenzweig.

Lanloup, village des Côtes-du-Nord.

Lupera ou *Luvra*, lat. du m. â., *Louvres* aujourd'hui, loc. de Seine-et-O., B. Guérard, *Polyptique*, 1844, I, 86.

Le Champ aux Loups, loc. de S.-et-O., Desjardins, *Arch. civ. de S.-et-O.*, 1880, p. 151.

Louville, Louveciennes, villages de Seine-et-Oise.

Le Buquet-au-Leu, lieu-dit de l'Oise, Desjardins, *Arch. eccl. de l'Oise*, 1878, I, 170.

L'Ame à Leup, Louvain, Louvetain, Louvry, Loupeigne, local. de l'Oise, Peigné-Delacourt, *Topogr. du cant. de Ribécourt*, 1873, pp. 5, 45 et 70.

La Queue au Loup, Tourneloup, loc. de Seine-et-M., Lemaire, *Arch. eccl. de S.-et-M.*, 1864.

Vau-des-Leux doc. du xvie s., *Lupicauda* lat. de 1495, *Leuqueue* doc. de 1495, loc. de Seine-Inf., Robillard, *Arch. eccl. de S.-Inf.*, 1866, I, 426; 1896, VI, 158.

Louvailles, Louvetot, loc. de la Seine-Inférieure.

Cacheleu, loc. de la Somme, Boca, *Arch. vic. de la S.*, I (1883), 27.

Louvignies, loc. du Nord.

Louvigny, loc. du Calvados, de l'Eure, de la Sarthe, de la Moselle, des B.-Pyr.

Louvrencourt, *Louvrechy*, loc. de la Somme.

Chargeloup, anc. loc. de la Nièvre, Flamare, *Arch. de la Nièvre*, 1891, I, 280.

Champlouvier, *Lupinis* latin de 1214, *Loupigne* doc. du XIIIe s., *Loupeigne*, *Louvry*, *Luvry*, *Louverny*, *Louvetain*, *Domnus Lupus* lat. du XIIe s., *Danleu* doc. de 1189, *La Leupve*, *Mont-de-Grandloup*, *Papeleu* doc. du XIIe s., *Papleux*, *Bois du Pied-de-Loup*, *Retourne-Loup*, *Tréloup*, *Grandlup*, loc. de l'Aisne, Matton.

Le Bocquet des Leux, loc. de l'Aisne, Jean d'Orléans.

Le Camp à Loups, lieu-dit de l'Aisne, Catrin, *Et. s. Nouvion en Thiérache*, 1870, 3e part., p. 3.

La Louptière, *La Loutière*, local. de l'Yonne, Quantin, 1862; local. de l'Aube, Boutiot.

Villa-Lupi lat. de 1219, *Villeloups* doc. de 1328, *Vireloup* doc. de 1543, *Le Pont-au-Loup*, *La Combe-au-Loup*, *La Fontaine de Soupeloup*, localités de l'Aube, Boutiot.

Luvigniaca Villa au moy. âge, *Lévigny* aujourd'hui, loc. de l'Aube, Lalore, *Cartulaire de Troyes*, 1875, I, 351.

La Louvignie, *Château des Loups*, *Lovrecourt* doc. de 1646, *Retorneleu* doc. de 1210, *Retourneloup*, local. de la Marne, Longnon, 1891.

Lupanariae lat. de 1167, *Loveres* doc. de 1147, *Louvières*, *Villa-Lupi* lat. de 1268, *Villelos* doc. de 1223, *Villeloup* doc. de 1675, *Vireloup* aujourd'hui, *La Ferme au Loup*, loc. de la H.-Marne, Rosbrot.

Lalobbe, *Louvergny*, loc. des Ardennes.

La Lobbe, loc. de la Meuse, Labande, *Arch. de Verdun*, 1891.

Le Louvroy, *Loubanneau*, *Lopigneux*, *Le Blanc-Loup*, *Coeranloup*, *Lambeloup*, *Domnus-Lupus* lat. de 1049, *Danlouf* en 1202, *Damloup* aujourd'hui, local. de la Meuse, Liénard.

Le Louvre, *La Basse-des-Loups*, *La Chapelle-du-Loup*.

Le Moulin-des-Loups, local. de la Meurthe, LEPAGE, 1862.

Champ-Leux, loc. des Vosges, *Bull. de la soc. philomath. des Vosges*, 1901, p. 76.

Luvigny, local. des Vosges.

La Cour-au-Loup, *Le Courtil-au-Loup*, *La Chaume-au-Loup*, *Pratum Domini Lupi* lat. de 1293, *Pré Danlou* doc. de 1285, *Mil-Loup*, *Mirloup*, *Melleloup*, loc. de la Nièvre, SOULTRAIT.

L'Ecurie-du-Loup, lieu-dit à Chaussin (Jura), c. p. M. A. BRIOT.

Le Louverot, village du Jura.

Le Gros-Loup, *Le Petit-Loup*, *Les Louteaux*, *Le Train-de-Loup*, local. de l'Allier, CHAZAUD.

La Tranchée-au-Loup, loc. de la Nièvre, GAUTRON, *Monogr. de Dun*, 1897, p. 75.

Terra de Cantalupis, latin de 804, THOMAS, *Dict. de top. de l'Hérault*, 1865.

Cantans Lupus, latin de 1081, MERLET, *Dict. top. d'E.-et-L.*

Cantus Lupi, lat. de 1157, RÉDET, *Dict. top. de la Vienne.*

Cantaloup, *Canteloup*, *Canteleu*, *Chanteloup*, noms de nombreuses localités. [C'est l'endroit, toujours le même, où les loups hurlent, au moment des amours.]

Les Cantalucs, lieu dit du Var en 1757, RICARD, *Arch. civ. du Var*, 1882, I, 105.

Cantalouba, doc. de 1465, *Canteloube*, doc. de 1662, loc. du Cantal, AMÉ, *Dict. top. du C.*, 1897.

Chantaloba doc. de 1399, *Cantalauva* en 1403, *Cantelaube*, *Canteloube*, *Chanteloube*, *Cantelauvette*, *Chantelauvette*, local. de la Dordogne, DE GOURGUES, *Dict. top. de la D.*

Chanteloupe, *Chanteloube*, *Chantelouve*, local. du Cantal, de la Creuse, de la Drôme, des H.-Alpes, du Berry, de la Vienne.

Chante-Lumbe, doc. de 1277, *Chantaloue*, Indre, HUB.
La Chantelouvière, *Hucheloup*, *Huloup*, local. de la Mayenne, MAITRE, *Dict. top. de la M.*, 1878.
Jappeloup, Allier, Puy-de-D., Indre, Vienne.
Huppeloup, loc. de la Vienne, RÉDET, *Dict. top. de la V.* — loc. de la Sarthe, PESCHE, IV, 705.
Hucheloup, loc. d'Eure-et-L., MERLET, *Dict. top. d'E.-et-L.* — env. de Toul, en 1202, *Gallia christ.* XIII, 1150. — loc. des Deux-Sèvres, LEDAIN.
Heucheloup, loc. des Vosges, *Soc. philomath. des Vosges*, 1901.
Uxeloup, loc. de la Nièvre, LE BLANC-BELLAUX, *Arch. de Nevers.*
Eche-Loup, loc. des Deux-Sèvres, LEDAIN.
Hueloup, loc. de la Meuse, LIÉNARD, *Dict. top. de la M.*
Hiloup, lieu-dit à Béchy (Pays messin), r. p.
Le Heloup, local. de l'Eure, BLOSSEVILLE, *Dict. top. de l'E.* — loc. de l'Orne.
Rue de Hue-Leu, anc. rue de Paris, devenue par la suite la *Rue du Grand-Hurleur*, supprimée en 1855, FRANKLIN, *Rues de Paris*, 1874, p. 119.
Criloup, loc. de la Sarthe, PESCHE, V, 275.
Mouli d'Escouteloup, anc. loc. du Béarn, c. p. M. L. BATCAVE. [C'était sans doute un endroit écarté d'où on entendait hurler les loups.]
Lupi-Mons, lat. du xe s., *Lupinus-Mons*, lat. de 1041, *Lupemons*, doc. de 1047, *Loupmons*, en 1135, *Loupmont*, *Louvemont*, loc. de la Meuse, LIÉNARD.
Lupicampus ou *Lupicastra* au moy. âge, *Louvicamp* Seine-Inf., LAMAIRIE, *Pays de Bray*, 1852, I, 213.
La Roche au Loup, *Le Mont au Loup*, *La Montagne du Loup*, *Le Serre de Loup*, diverses local.
Le Peuch-Lobial, doc. de 1508, *Le Peuch-Loubier*, doc. de 1630, local. du Cantal, AMÉ.
Podium Loberii, lat. de 1306, *Puech-Loubier*, *Mont-Loubier*, doc. de 1550, local. du Gard, GERMER-DURAND.

Pech de Loup, *Puy-Loupa*, *Puy-Loubetz*, local. de la Dordogne, De Gourgues.

Peiloubier, loc. du Var, Mireur, *Arch. de Vidauban*, 1890.

Puyloubier, colline inculte de la Provence, Garidel, *Hist. des plantes d'Aix*, 1715, p. 88. — Local. de l'Isère, Pilot de Thorey, *Arch. civ. de l'Isère*, 1864, I, 127.

Le Pou-Loup, *Le Peu-Loup*, loc. des Deux-Sèvres, Ledain.

La Pierre au Loup, nom de nombreuses localités. (Ce nom est donné ordinairement à d'anciens monuments mégalithiques. Voir : *Revue archéologique*, 1893, pp. 218-219.)

Rupis-de-Leulenegue, anc. local. en 1256, Du C., V, 785.

La Pierre-Louve, dolmen à Episy (Seine-et-Marne).

La Louverete, ancien mégalithe dans l'Aube, Lalore, *Cartul. de Troyes*, 1875, II, 339.

Le Sommet-de-Laup, *Le Serre-de-Laup*, *La Trappe-du-Loup*, noms de trois montagnes de la Drôme, Brun-Durand.

Monasterium Luperii, lat. de 1562, *Monstiéleux* en 1296, *Montierlieu* en 1695, *Monthéu* aujourd'hui, hameau de l'Yonne, Quantin, *Dict. top. de l'Y.*

La Montée-du-Loup, *La Breure-au-Loup*, local. de l'Allier, Chazaud.

La Chambre-aux-Loups, *La Maison-des-Leups*, *La Taille-aux-Loups*, local. de l'Aisne, Matton, 1871.

La Maison-du-Loup, nom de divers dolmens. [Un dolmen est comme une petite maison généralement éloignée de tout endroit habité. Dans l'imagination populaire elle ne peut servir qu'à loger *le loup* (et aussi *le diable*).]

La Cabane-du-Loup, *La Case-du-Loup*, noms de deux dolmens dans la Dordogne, De Gourgues.

La Cave-au-Loup, localité de la Mayenne, Maitre.

La Gorge-aux-Loups, *La Caverne-du-Loup*, triages de la forêt de Fontainebleau.

Le Han-des-Leus, lieu-dit à Polleur (Belg.), c. p. M. J. Feller.

Le Domaine-du-Loup, loc. de la Nièvre, Soultrait.

Territorium de Ostra-Lop, doc. de 1460, *L'Oustal-del-Loup*, *Peyre-Loup*, *Le Got-du-Loup*, Dordogne, DE GOURGUES.

Le Nid-de-Loup, local. du Calvados, HIPPEAU.

Le Port-aux-Loups, lieu-dit en Maine-et-L., C. PORT, *Arch. eccl. de M.-et-L.*, 1898, I, 198.

Le Pont-aux-Loupz, xve s., *Le Pont-au-Loup*, xvie s., ancien pont près de Metz. [Ce pont portait *un loup*, armes parlantes de Nicolas Louve, seigneur qui fit bâtir ce pont.] BOUTEILLER, *Dict. top de la Moselle*, 1874.

Le Pas-du-Loup, *Le Pas-de-Loup*, *Chemin-des-Loups*, *Voie-des-Loups*, *Rue-aux-Loups*, *Ruette-aux-Loups*, *Ruelle-aux-Loups*, *Col-du-loup*, *Pont-du-Loup*, *Pont-Loup*, noms de divers chemins et ponts.

Lupi Via, lat. du IXe s., *Loveiae*, lat. de 1148, *Lovois*, doc. de 1188, *Louvois* aujourd'hui, loc. de la Marne, LONGNON, 1891.

Passelupum, lat. de 1180, *Passelu*, en 1210, *Passeloup* aujourd'hui, loc. d'Eure-et-L., MERLET, *Dict. t. d'E.-et-L.*

Trot-à-Lop, doc. de 1463, *Loup-Trotte* en 1566, *Trot-à-Loup* aujourd'hui, local. de la Dordogne, DE GOURGUES.

Fons de Lepalop, doc. de 1297, *Pradelle de Lépalou* en 1625, loc. de la Dord., DE GOURGUES.

Le Pied de Loup, loc. de l'Aisne, de l'Aube, de l'Eure.

Grata-Lop, doc. de 1460, *La Grate-Louve*, loc. de la Dordogne, DE GOURGUES.

Gratte-Loup, *Gratte-Leu*, noms de nombreuses localités, (C'est l'endroit où le loup gratte habituellement la terre).

La Grateloube, loc. de la Vienne, de la H.-Vienne et des Deux-S.

Le Saut au Loup, *Le Saut du Loup*, *Le Saute-Loup*, *Le Saut-Loup*, noms de diverses localités.

Pissat de Loup, local. du Cher, JAUBERT.

Pisse-Loup, *Pisse-Leu*, *Piche-Leu*, noms de nombreuses localités. (C'est l'endroit où pisse habituellement le loup, ce qui se voit facilement quand il y a de la neige.)

Pislouvet, loc. de l'Aisne, MATTON, 1871.

Cagalou, loc. près d'Arles, REVEL DU PERRON.

Cagueloux, quartier de la ville du Vigan (Gard), TEISSIER, *Arch. du Vigan*, 1890.

Caguelou, loc. du Var, *Soc. d. sciences du Var*, 1865, p. 30.

Chieloup ou *Chisseloup*, doc. de 1403, *Chigeloup* en 1407, *Chief de Loup* en 1498, *Chef de Loup* en 1598, local. de la Vienne, RÉDET.

Chieloup, Chiloup, Mayenne, Deux-Sèvres, Vienne, Ain.

Pette-Loup, Nièvre, Allier, Indre.

La Vesse au Loup, local. d'Eure-et-L., MERLET.

Le Taillis de Vesne-au-Loup, loc. de la Sarthe, BELLÉE, *Arch. de la Sarthe.*

La Boîte au Loup, local. de la Nièvre, SOULTRAIT.

La Butte au Loup, local. de l'Eure, BLOSSEVILLE. — loc. de l'Eure-et-L., MERLET.

La Mute à Loup, lieu-dit dans l'Oise, PEIGNÉ-DELACOURT.

Lauberne, sommet d'une montagne de l'Hérault, THOMAS.

La Font du Loup, La Font-le-Loup, La Font-Loup, La Fontaine du Loup, Le Ruisseau du Loup, La Mare au Loup, Le Ravin du Loup, Val des Loups, Le Val-Loup, Vaux-des-Loups, Le Vau-Loup, Le Gué du Loup, Plaine du Loup, Le Pré au Loup, Le Pré-le-Loup, La Haie aux Loups, Le Bois du Loup, Le Buisson au loup, Le Chêne au Loup, noms de nombreuses localités.

La Fontaine-Louvesse, loc. d'Eure-et-L., MERLET.

La Mardelle aux Loups, local. de l'Yonne, QUANTIN.

L'Amorce aux Loups, lieu-dit de l'Oise, DESJARDINS, *Arch., eccl. de l'Oise*, 1878, I, 174.

Tue-Loup, Mayenne, MAITRE. — Allier, CHAZAUD.

Cacheleux, lieu-dit de l'Oise, PEIGNÉ-DELAC., p. 20.

Chausse-Loup, loc. du Cantal, AMÉ, 1897.

Les Chasselouvières, loc. de la Mayenne, MAITRE.

Pousse-Loup, loc. de l'Allier, CHAZAUD.

Boute-Loup, loc. de la Manche, DUBOSC, 1865. — loc. d'Ille-et-Vil., c. p. M. Ch. LECOMTE.

Boudeloup, loc. de la Mayenne, MAITRE.

Trou au Loup, *Trou du Loup*, *Trou le Loup*, *Le Cros du Loup*, *Le Creux du Loup*, *La Fosse aux Loups*, *La Fosse-Loup*, noms de nombreuses localités. [C'était l'endroit où l'on creusait un trou que l'on recouvrait de feuillage et dans lequel le loup tombait sans pouvoir en sortir.]

Cresloup, doc. de 1642, *Crisloup* en 1665, *Criloup* aujourd'hui, MERLET, 1851.

Cros Lobaresc, Languedoc, doc. de 1184, A. THOMAS, *Nouv. ess. de philol. fr.*, 1905, p. 360.

Fossa-Lobaria, lat. de 956, loc. du Gard, GERMER-DURAND.

La Fosse-Louvière, loc. de l'Eure-et-L. et de l'Orne.

Pince-Loup, *Pinche-Loup*, local. de la Mayenne, d'Eure-et-Loire et de Seine-et-Oise.

Pince-Louvette, Mayenne, MAITRE. — Sarthe, PESCHE.

Bride-les-Loups, *Bride-à-Loup*, local. du Berry et du Poitou, RÉDET, 1881; JAUBERT, *Gloss. du C.*

Hurteloup, loc. de l'Eure et de la Meuse, BLOSSEVILLE, 1878; LIÉNARD, 1872.

Hauteloup, local. de la Nièvre, SOULTRAIT, 1865.

Tourteloup, loc. de la Meuse, LIÉNARD.

Hanneloup, loc. de l'Anjou au moyen âge, C. PORT, *Arch. eccl. de M.-et-L.*, 1898, I, 9.

Etrangle-Loups, loc. de l'Allier, CHAZAUD.

Ecorche-Loups, loc. du Lyonnais, GUIGUE, *Arch. eccl. du Rh.*, 1895, I, 141.

Puech de Pela-Loba, doc. de 1503, *Paralupis* en 1321, *Pareloup* en 1468, local. du Gard, GERMER-DUR.

Foueyte-Loup, lieu-dit de la Dordogne, DE GOURGUES, 1873.

Crepalupum, lat. de 1345, *Trepaloux* en 1789, *Crèpe-Loup* aujourd'hui, loc. du Gard, GERMER-DURAND.

Lupus Suspensus, lat. de 1108, loc. du Calvados, Hippeau.

Pende-Lupum, lat. de 1180, loc. d'Eure-et-L., Merlet.

Le Loup-Pendu, nom de diverses localités. [On pendait autrefois les loups près des fosses où on les avait pris, pour l'exemple.]

Lop-Pendut, loc. de T.-et-G., *Soc. arch. de T.-et-G.*, 1903, p. 138.

Penleu, doc. de 1183, *Apenleu*, doc. de 1194, *Porte à Penleu*, doc. de 1283, loc. de l'Aisne, Matton.

Le Panloup, loc. de la Savoie, de l'Allier, de la Mayenne, de l'Ain.

La Panloue, loc. de l'Allier, Chazaud.

La Panlouère, loc. de la Sarthe, Duchemin, *Arch. de la Sarthe*, 1890, V, 38.

Le Péage-aux-Loups, triage de la forêt d'Orléans, Peiffer, *Promen. topogr. dans le Loiret*, 1877, p. 72.

Drong-au-Lou, doc. de 1292, *Troncalou* en 1440, *Francaloux* en 1755, *Trancaloup* aujourd'hui, Mayenne, Maitre.

Paralupum, lat. de 1100, *Paraloup*, H.-Alpes, Roman.

Pareloup, doc. de 1616, loc. du Gard, Bligny-Bondurand, *Arch. civ. du Gard*, 1900, III, 207.

Le Gareloup, loc. de la Dordogne, De Gourgues, 1873.

La Gardeloup, loc. de la Vienne, Rédet, 1881. — loc. du Morbihan, Rosenzweig. — loc. de Seine-et-Marne.

Guetteloup, loc. d'E.-et-L., Merlet, 1861. — loc. de la May., Maitre, 1878.

Gagne-Loup, doc. de 1550, loc. du Gard, Germer-Durand.

Baloup, loc. de la May., Maitre.

Vallée de Gastelou en 1510, *Vallée de Gâteloup* aujourd'hui, loc. d'E.-et-L., Merlet, 1861.

Pratum de Barba Loba, lat. de 1177, *Pratum Barbae Lupae*, lat. de 1184, *Barbelouve* aujourd'hui, localité des H.-Alpes, ROMAN, 1884.

Barbeloup, localité de la Nièvre, SOULTRAIT.

Salvalou, doc. de 1145, loc. d'Eure-et-L., MERLET, 1862.

Sauveloup, loc. de la May., d'Eure-et-L., MAITRE; MERLET. [Probablement lieu inaccessible qui est le refuge du loup.]

La Gueule du Loup, *La Queue de Leu*, *Le Col de Leup*, local. de l'Aisne, MATTON, 1871.

La Tête au Loup, loc. de l'Orne, DUVAL, *Arch. civ. de l'Orne*, 1891, II, 55.

La Tête-Louvine, loc. de la Mayenne, MAITRE, 1878.

Couelou, doc. de 1443, *Couveloup* aujourd'hui, loc. de la May., MAITRE.

La Queue du Loup, loc. de l'Yonne, QUANTIN, 1862. — loc. de la May., MAITRE. — loc. du Calvad., HIPP.

Le Cul-du-Loup, *Le Cul-le-Loup*, loc. de la Nièvre, de la Meuse et de la May., SOULTRAIT; LIÉNARD; MAITRE.

Le Culot du Loup, écart de Dommery (Ardennes), c. p. M. E. MAUSSENET.

La Codelouyère, *Le Cul de Loyère*, *La Haye-Peau-de-Loup*, *La Peau de Loyère*, loc. de la May., MAITRE.

Les Loups, rochers sur l'Océan, ROSENZWEIG, *Dict. top.*

Rue de la Loubière, anc. rue de Marseille, MORTR.

Rue du Loup, anc. rue à Amiens, à Compiègne.

Ruelle-du-Loup, anc. ruelle d'un faubourg de Chartres, LECOCQ, *Loups en Beauce*, p. 18.

Rue du Loup qui va à Rome, rue d'Amiens au XVIIe s., BOCA, *Arch. civ. de la Somme*, 1883, I, 65.

Rue du Louvaton, rue de Lons-le-Saunier.

L'Hostellerie du Loup, anc. maison à Nevers, GRANGIER, *Journal de voyage en France*, 1667, p. 11.

La Maison de la Tête de Loup, anc. maison à Orléans, *Mém. de la soc. arch. de l'Orléan.*, IV (1858), p. 70.

7. — Enseignes :

Au Loup, enseigne à Metz, *Annuaire de la Moselle*, 1830, p. 505; ens. à Moulins, H. Faure, *Hist. de Moul.*, 1900, II, 395.

Aux Rouges Luppars, *Aux Verts Luppars*, anc. enseignes d'Amiens, Janvier, *Ens. d'Amiens*, 1856, p. 21. (Le sens de *Lauppart* (= loup) est incertain; il signifiait peut-être *léopard* ?)

Au Loup Enchaîné, enseigne à Saint-Gérand-le-Puy (Allier), c. p. M. J. Duchon de la Jarousse.

A la Teste de Loup, *A la Queue du Loup*, enseignes à Amiens, au XVIIe s., Boca, *Arch. civ. de la Somme*, I (1883), 68, 70.

Au Loup Botté, enseigne actuelle d'un cordonnier, au Quai de l'Hôtel-de-Ville, n° 80, à Paris. Un loup empaillé et botté est devant la porte.

8. — Onomastique :

Lupus, nom d'homme assez commun au moyen âge. (1)

Du Loup, *Du Leu*, *Le Loup*, *Loup*, *Le Leu*, *Loubet*, *Louvet*, *De Lobel*, *Lobel*, *Louvel*, *Loupot*, *Lupot*, *Louvet*, *Lupin*, *Lopin*, *Lubin*, *Lobin*, *Lobineau*, *Loupart*, *Lombat*, *Lupart*, *Loubert*, *Loppé*, *Louviot*, *Louviat*, *Lopin*, *Lopinel*, *Lobon*, *Louvion*, *Loppier*, *Luppé*, *Loupy*, *Loupit*, *Loupe*, *Louve*, *Louveau*, *Louvarel*, *Lobreau*, *Le Louat*, *Louet*, *La Loubie*, *Loberie*, *Bouteloup*, *Heurteloup*, *Gratteloup*, *Tueloup*, *Chasse-loup*, *Cacheloup*, *Pinceloup*, *Pas deloup*, *Pied de Loup*, *Pied de Leu*, *Corneloup*, *Guidelou*, noms d'hommes.

(1) « Autrefois, en Béarn, on baptisait les enfants naturels du nom de *Lupus* (Loup); une femme s'étant plainte de ce que le curé avait ainsi baptisé son fils, le parlement de Pau déclara qu'il y avait eu abus (XVIIIe siècle). » c. p. M. L. Batcave.

Pelli-Lupi, lat. du XIIe s., nom d'homme, BELLÉE, *Arch. de la Sarthe*, 1881, III, 7.

Pes lupi, non d'homme latinisé, au XIIe s., LONGNON, *Doc. rel. aux comtes de Champ.*, 1901, I, 19.

Pasloup, nom d'h. en 1080, DUBOSC, *Arch. civ. de la Manche* 1865, p. 393.

Peaudeloup, nom d'homme au XVIe s., GUÉRIN, *Registres de Paris*, 1891, VI, 543.

De Caccialupis, nom latinisé d'un auteur qui a écrit sur le droit en 1480, CASTAN, *Incunables de Besançon*, 1893, p. 207.

Cu de Leu, nom d'h. en anc. champenois, VARIN, *Arch. de Reims*.

Coudelou, nom d'homme, PORT, *Arch. eccl. de Maine-et-Loire*, 1898, II, 105.

Cœur de Loup, nom d'h. en 1290, DUVAL, *Arch. civ. de l'Orne*, 1891, 125.

Archembaldus Pejor Lupo, nom d'un homme au moy. â., Du C., II, 419.

Cateleu, nom d'h. au moy. â., QUICHERAT, *Proc. de Jeanne d'Arc*, 1849, V, 500.

D'Artigaloube, anc. nom d'homme, LA FERRIÈRE-PERCY, *Marguerite d'Angoulême*, 1862, p. 11.

Rondeloup, nom d'h., DUCHEMIN, *Arch. de la Mayenne*, 1882, I, 287, et I, 419.

Arleloup, nom d'h. au XVIe s., MICHON, *Arch. civ. de Saône-et-Loire*, 1877, I, 126.

Lobaudy, nom d'homme en 1479, *Gallia christiana*, I, 189. (Ce nom se retrouve aujourd'hui sous la forme *Lebaudy*.)

Groisenleu ou *Grosenleu*, nom d'homme en 1570, DESJARDINS, *Arch. civ. de S.-et-O.*, 1880, p. 302-303.

Guigneleue, nom d'h. en 1326, BELLÉE, *Arch. de la Sarthe*, 1881, III, 376.

Poinloue, nom d'h. au XVIIe s., LEMAIRE, *Arch. civ. de Seine-et-M.*, 1863, tome I, série E, p. 220.

9. — « On appelle *loubatèra*, *loubarrèra* une troupe de loups; *loubatè* celui qui va de village en village, quêter en montrant la peau d'un loup qu'il vient de tuer. » Hautes-Pyr., c. p. M. M. CAMÉLAT. « *Loupatè* = même sens. » En Aspe (B.-P.), c. p. M. L. BATCAVE.

10. — « Celui qui entretient un équipage pour la chasse au loup est appelé :

luparius, *lupparius*, *lupperius*, lat. du m. â., R. DE MAULDE, *Condit. forest. de l'Orléanais*, 1871, p. 462.
louptier, *lovier*, *louvier*, *louphier*, *loveteur*, *louveteur*, *chaceleu*, m., anc. fr., GOD.; DU C.
Sur les grands louvetiers de France, voyez DU C., IV, 161-162.

11. — « *Côyite*, f. = gite du loup. » namurois, PIRSOUL. — « *Taró*, m. = endroit où niche la louve. » Luzy (Nièvre), r. p.

12. — La tête du loup est appelée :

hure, f., Eust. DESCHAMPS, VI, 200; GASTON PHŒBUS, p. 166.
moua, f., fribourgeois, Savoy, *Flore romande*, 1900, à l'article *Antirrhinum*.

13. — La patte du loup est appelée :

pôcre, (1) f., Bressuire (D.-S.), ROLLAND, *Flore p.* I, 43.
parto, f., provençal, MISTRAL, II, 509.
pauta, f., anc. provençal, RAYNOUARD.
paouta, f., *paouto*, f., languedocien, limousin.
paoute, f., Gironde.

---

(1) « On appelle *paoucres* les grosses vilaines mains d'un rustre. » Ile d'Elle (Vendée). GUÉRIF, p. 118.

paoudo, Hérault, ROLLAND, *Flore pop.*, I, 43.
potte, f., Poitou, Saintonge, Anjou, ROLLAND, *Flore pop.*, I, 43.
patte, f., franç. anc. et mod. [« Il change les pattes de ses loups en des pieds de moutons. » *Départ apostatique de J. de Labadie*, 1670, p. 63.]
pas, m., franç. anc. et mod.
tarpe, f., Montbéliard, CONTEJEAN.
trace, f., français cynégétique, R. FRANÇOIS, 1622, p. 13.

14. — De la louve en chaleur on dit :

chaudier, anc. franç. [« La louve chaudie environ le février. » ROB. MONTHOIS, *Chasse du loup*, *1642*.]
la louve est chaulde, fr. du XIVe s., GASTON PHŒBUS, p. 62.

15. — Du mâle qui couvre la femelle on dit :

alinher la louve, franç. du XIVe s., GASTON PHŒBUS, p. 63.
ligner la louve, franç., R. FRANÇOIS, 1622, p. 17.
couvrir la louve, *coupler la louve*, *joindre la louve*, franç., GAFFET, 1742, p. 272.

16. — De la louve qui met bas on dit :

loubà, Luchon (H.-Gar.), c. p. M. B. SARRIEU.
louveter, anc. fr., DUEZ, 1664. — wallon, DEFR.
loubatà, *loubatoà*, B.-Pyr., LESPY.

La portée, la nichée d'une louve est appelée :

cayellée, f. Hainaut au XVIe s., FAIDER, *Coutumes de Hainaut*, 1874, t. II, p. 470.
loubatado, f., langued., SAUV., 1785.
loubatade, f., béarnais, LESPY.

17. — « Il y a deux espèces de loups : *le loup moutonnier* et le *loup chevalier*. Le premier s'attaque aux moutons, le

second, qui est beaucoup plus gros et a une véritable crinière, s'attaque aux chevaux. » Vern (Ille-et-Vil.), r. p. « *Le loup mâtin* ne vit que de charogne, le *loup lévrier* vit de rapine qu'il attrape par sa légèreté. » FUR., 1708.

« *Lincus* = produit de l'accouplement du genre *loup* avec le genre *renard*. » DU C.

« *Lycisca*, = produit de l'accouplement du genre *loup* avec le genre *chien*. » DU C.

« *La louvette* s'engendre de l'accouplement d'un loup et d'une chienne. » G. HERVET, 1579, cité par GOD.

« *Dragon volant* = produit du loup et de l'aigle. » CATELAN, *Nature de la licorne*, 1624, p. 29.

18. — « *Allettes*, f. pl. = mamelles de la louve. » terme cynégétique, GAFFET, 1742, p. 272.

19. — Du loup qui fait entendre son cri, on dit :

ululare, latin.
lupire, lat. du moy. â., DIEF.
udolar, anc. prov., RAYN.
udoulà, gasc. du XVIIe s., G. D'ASTROS, *Poésies*, éd. Taill., I, p. V.
idoulà, prov., PELLAS, 1723. — lang., SAUV., 1785. — Gard, ABERLENC, *Cevenolos*, 1893, p. 405. — Luchon (H.-Gar.), c. p. M. B. SARRIEU.
idougà, Lozère, *Arman. de Louzèro*, 1904, p. 54.
ourlà, Alais, P. GAUSSEN, *Li miragi*, 1885, p. 50.
urlà, Hérault, Aude, Savoie.
ùlà, env. d'Annecy, CONST.
huller, fr. du XIVe s., Gaston PHŒBUS, p. 69.
uller, *oller*, anc. fr., GOD.
ùlé, Centre, JAUBERT. — namurois, PIRSOUL.
hoûlé, liégeois, FORIR. — Centre, JAUB.

hurdêlé, Bords de la Semoy (Belg.), *Wallonia*, 1903, p. 178.
uglà, Basses-Pyr., Lespy.
bôlé, Chef-Boutonne (Deux-Sèvres), Beauchet.
gorpanthi (avec *th* angl.), argot des maçons de Samoens (Savoie), Buffet.

20. — Son cri s'appelle :

idoulà, m., *idoul*, m., langued., D'Hombres.
ulement, m. anc. franç., Godefroy.
huleiz, m., anc. franç., Crapelet, *Rem. hist.*, 1831.
ûlé, fém., Centre, Jaubert.

21. — Quand un loup traverse les plaines et qu'il est aperçu par les laboureurs, il est hué par ceux-ci, aux cris de :

ha ! ha ! le leu ! ahie ! ahie !, anc. fr., Du C., VII, 17.
garlou ! garlou ! Beauce, Lecocq, *Loups en Beauce*, 1860, p. 34.
harlou ! harlou ! en divers endroits.
haro ! le loup ! le loup ! (1) anc. franç., Langlois, *Jeu de Robin et Marion*, 1896, p. 105
paro la besso ! toulousain, Doujat, 1637.
sâv' lou loup ! Clerval (Doubs), r. p.
à la souy'ro ! langued., Sauv., 1785.
à la besso ! langued., Sauv., 1785.
aou ribatt ! Aveyron, Mistral.
à chupaou ! vla l'manjou d' berbi ! Landujan (Ille-et-Vil.), *Annales de Bret.*, 1900, p. 373. — Saint-Pern (Ille-et-Vil.), Pichot.

« Quand on voit un loup dans un village on va sonner la

(1) Cette locution semble être apparentée avec l'ancienne *clameur de haro* sur laquelle on peut consulter le *Journal des Savants de Normandie*, 1844, pp. 22-25.

cloche d'une manière particulière qu'on appelle *l'estruime* ou *lous clars dau loup.* » Valais (Suisse), Ant. FROMENT, *Essais*, Grenoble, 1639.

22. — Celui qui a une grande faim ou qui mange gloutonnement, est dit :

lovis, louvis, louwis, anc. fr., GOD.
lovi, H.-Savoie, CONST.
aloubi (1) Routot (Eure) GAIDOZ (dans *Mélusine*, VII, 118). — Chantelle (Allier), BOUDANT, *Hist. de Chantelle*, 1862, p. 199.
aloubitt, Lozère, BALDIT (dans *Bull. de la soc. d'agr. de la Loz.*, 1850, p. 52).
alouvi, franç., FURETIÈRE, 1708. — Vendômois, MARTELLIÈRE. — Mayenne, DOTTIN. — Ille-et-V., DAGNET.
aloui, Vendômois, MART. — Mayenne, DOTT.
aloubri, Berry, J. TISSIER, *Dict. berrich., Supplém.*, 1888.
louvis, anc. fr., LABBE, 1661, p. 318.
louviche, masc., anc. franç., THIERRY, 1564. — Somme, LEDIEU.
un louvel, Somme, LEDIEU.
un loufa, Tournai (Belg.), DOUTREPONT.
bénte de loup (= ventre de loup), béarnais, LESPY. — Bazadais (Gironde), LAMARQUE DE PLAISANCE, *Usages du Bazad.*, 1845, p. 51.

Manger avec avidité se dit :

manger lovissement, anc. fr., DU CANGE, III, 535.
manger louvichement, anc. franç., J. THIERRY, 1564.

---

(1) « Pour guérir un enfant *aloubi*, il faut le porter en pèlerinage à Saint-Loup. » GAIDOZ (dans *Mélusine*, VII, 18.) — « *Il est tenu de Saint-Aloubi* = il a toujours faim. » Le Havre, MAZE. — Sur le mot *aloubi*, en franç. et en breton, voy. E. ERNAULT dans *Mém. de la soc. de ling.*, XII, 435-438.

loupé, Boulogne-s.-M., HAIGN.

luvé, Vaudioux (Jura), THÉVENIN. (Un grand repas où l'on goinfre, est appelé *luverie*. THÉVENIN.)

louviné, normand, L. DUBOIS, *Rech. sur la Norm.*, 1843, p. 338.

lofé, liégeois, FORIR.

agaloufé, Ardennes, prov. de Luxembourg, c. p. M. J. FELLER. [C'est le mot *loufé* avec le préfixe péjoratif *ga*.]

« *Luponus*, *lupax* = avide, vorace. » l. m. â., Du C. — « *Estre louvier d'une chose* = la désirer ardemment. » anc. fr., GOD. — « *Lubauwe* = désir immodéré d'une ch. » anc. fr., GOD. — « *Lubie* = même sens. » français moderne.

» *Avoir le boyau de loup* = avoir toujours faim. » Hainaut belge, *La tradition*, 1903, p. 270. — « *Avoir la panse de leû.* » Verviers (Belg.), c. p. M. J. FELLER.

« *Boyaux de loups*, *ventres de loups* = gros mangeurs. » BEAUQUIER, *Blas. de Franche-Comté*, 1897, p. 218. — « Glout comme loup. » anc. fr., *Hist. litt. de Fr.*, 1856, t. XXIII, p. 539. — « Goufres comme uns leus. » anc. fr., Eust. DESCHAMPS, II, 53. — « Affamé comme un vieux loup. » DUROC SORT-MANNE, *Nouv. récits*, 1573, f[et] 34, r°. — » C'est un bonhomme extraordinaire, qui est frugal comme un loup dans les bois. » ASSOLLANT, *Ville de Garnison*, 1878, p. 116. — « Quand on eut mangé comme des loups et bu comme des trous on raconta... » ASSOLLANT, *Bataille de Laon*, 1881.

« *Aluper* = regarder attentivement. » anc. franç., GODEFROY.

« *Alupà* = regarder fixement avec des yeux de concupiscence, dévorer des yeux. » Gard, c. p. M. P. FESQUET. — *Alucà* = même sens. » cévenol, SAUV., 1785. — « *Alupadis* = qui a ce regard. » languedocien. — « *Aloubi*, *alouvi*, *aloubati* = même sens. » provençal.

« En italien la *sete del lupo*, c'est la soif et la faim en même temps. » OUDIN, 1681.

« En ital. *lupa* est la faim; avoir les *arme sanesi* = les armes de Sienne, la louve, c.-à-d. avoir faim. » DUEZ, 1678.

23. — « *Manger en loup* = manger tout seul sans partager avec quelqu'un. » Locut. franç., DUEZ, 1678.

24. — « *Vous farcissez le loup* = vous êtes en train de manger, terme plaisant. » Char.-Inf., r. p.

25. — « Il a la maladie de Saint-Loup Rien n'y arrête dans le cou = *se dit d'un faux malade* » CHAPISEAU, *Folkl. de Beauce*, 1902, II, 83.

26. — « D'une personne qui a dépensé follement son petit pécule on dit : *elle a avalé le leu.* » HAROU, *Folkl. de Godarville.*

27. — « C'est un loup qui ne regarde point si les ouailles sont blanches, noires ou tavelées, pour les manger. » J.-P. CAMUS, *L'Alexis*, 1622, II, 284. — « Que la fia (*brebis*) siai blancha ou niara, chaou que lou loup la mangi. » Gap, F. ALLEMAND (d. *Soc. d'ét. des H.-Alpes*, 1884, p. 370).

28. — « Quand les loupz si ont bien ullé Ilz s'en vont quérir à mengier. » E. PICOT, *Rec. de sotties*, 1902, I, 99.

29. — « Le loup mange de la terre, pressé de faim, quelques uns disent que c'est afin de se rendre plus pesant sur les animaux qu'il veut assaillir. » FUSI, *Mastigophore*, 1609, p. 237.

30. — « *Loup affamé Nulle part applacé* = il ne peut rester en place, va de pays en pays chercher sa nourriture. » G. MEURIER, 1582.

31. — « *En veut-il de la chair le loup ?* = cela va de soi, c'est tout naturel. » Hautes-Pyr., c. p. M. M. CAMÉLAT.

32. — « Quand il en a l'occasion le loup mange tellement qu'il est repeu pour neuf jours. » GRUAU, *Invention pour prendre les loups*, 1613.

33. — « Lou loup afamat manja lou pan moufit (*moisi*). » Nice, TOSELLI. — « Es ist besser etwas dann nichts, sprach ein Wolf, verschlang er ein Schnacken. » Prov. allem., Edm. HŒFER, *wie das Volk spricht*.

34. — « Jamais charogne n'a empoisonné loup. » Franche-Comté, PERRON, *Prov.*, p. 59; Ardennes, c. p. M. E. MAUSSENET.

35. — « Les loups ayants le boyau fondamental tout droit, c'est ce qui (la viande estant si tost sortie qu'entrée) les rend si affamez. » Ant. FROMENT, *Essais*, 1639.

36. — « Cent loups ne craignent jamais une chèvre. » H.-Pyr., c. p. M. CAMÉLAT. — « Deux loups mangent bien une brebis et deux cordeliers une perdrix. » GRUTER, 1610, p. 200. — « Il ne faut point tant de loups à manger une brebis ni tant de chiens à ronger un os. » SANDRICOURT, *Visage de la cour*, 1652, p. 14.

37. — « Le loup ne chante pas quand il a faim. » Prov. des H.-Pyr., c. p. M. M. CAMÉLAT.

38. — « Les yeux luisants comme un loup qui n'a pas mangé de l'hiver. » KORIGAN, *Miséricorde*, 1901, p. 105.

39. — « A pou d'occasion (*prétexte*) plume li lous l'oie. » XIIIe s., ULRICH. — « A pauc à pauc lou loup manjo l'auquo. » Provence, XVIIe s., *Bugado provenç.* — Poq a poq lou loup plume e mynge l'auque. » BRUNET, *Anc. prov. basques et gascons*, 1845.

40. — « Le loup emporte le veau du pauvre = *le pauvre a tous les malheurs.* » COTGRAVE, 1650.

41. — « Or en aviegne du péché le leu et le veel. » Sur cette anc. locut. proverb. voyez : *Mém. de la soc. des antiqu. de Normandie*, 1876, p. 589.

42. — « Voici où le loup a pris la chèvre. » Vosges, HAILLANT, *Prov.*, 1902, p. 26.

43. — « Il y va aussi à bonne foy que le loup qui mange la chèvre. » COTGRAVE, 1650.

44. — « Tu me récompenses comme les louveteaux, lesquels estant escartés de leur mère s'adressent à la mamelle d'une chèvre, sans laquelle ils periroient, mais estant devenus grands ils la dévorent. » FUSI, *Mastigophore*, 1609, p. 266.

45. — « Quand un loup saisit un mouton, il ne le porte pas, il le traîne à son côté en le fouettant avec la queue pour le faire avancer. » Ineuil (Cher), r. p. — « Le loup happe d'abord la bête au-dessus du cou ; l'animal frappé d'une frayeur mortelle ne se débat point. Il le conduit ainsi côte à côte et l'oblige de doubler le pas en le frappant de sa queue. » CARLIER, *Bêtes à laine*, 1770, I, 302. — A. FROMENT (*Essais*, Grenoble, 1639) raconte la même chose et ajoute que le fait amuse tellement les bergers qui assistent à ce spectacle, qu'ils en oublient de courir après le voleur.

46. — « Ils font comme le loup, qui promettait à la brebis de la guérir de la toux. » DUPUY, *Satyre Ménippée*, 1677, p. 91.

47. — « Nous ressemblons la louve qui ne pouvant tondre la brebis, l'escorche. » *Gloss. de l'anc. th. fr.*, édit. JANNET.

48. — « Tu fais semblant de faire la guerre aux loups, mais

ce pendant tu étrangles les ouailles. » Fusi, *Mastigophore*, 1609, p. 315.

49. — « Il est comme une brebis entre deux loups. » *Hist. de l'enfant prodigue*, Lyon, s. d. (vers 1520), p. 77.

50. — « *Tat loup ér' agnère* = pour le loup il faut jeune brebis. » B.-Pyr., Lespy. — *Aou loup l'agnère* = se dit des filles imprudentes. » B.-Pyr., Lespy.

51. — Où le loup trouve un aigneau Il y en cerche un nouveau. » Buchlerus, 1639.

52. — « Les loups qui d'ailleurs s'entrehayssent se réunissent pour faire curée d'une brebis. » J.-P. Camus, *Homélies quadrag.*, 1615, p. 370.

53. — « Accordez-vous, les loups s'accordent bien en mangeant de la tarte. » Ain, Phil. Le Duc, *Chans bress.*, 1881, p. 339.

54. — « Retournons à nos moutons De peur que le loup ne les happe. » *Rec. de poes. franç. du XVe s.*, III (1856), p. 184.

55. — « La faim enchace le louf du bois. » Prov. du XIIIe s., Ulrich.

56. — « Per fam e per chin, loup sorte doou bos. » « Quand lou loup se compéjo, Es la fam que lou passéjo. » Proverbes provenç., *Rev. d. l. rom.*, 1884, p. 37.

57. — « Quand le loup mange son compagnon manger manque en bois et buisson. » Gruter, 1610, p. 236.

« *Couro un loup mangé l'aoutré Prénguén gardo à naoutré* = quand un loup mange l'autre prenons garde à nous autres. » provenç., *Rev. d. l. rom.* 1884, p. 38. — « Marrido seyzon quand un loup manjo l'autre. » Provence, XVIIe s., *Bugado prov.* — « *E dié lè môvèsè sasons Que leu loeu se meson* = c'est dans la mauvaise saison que les loups se mangent entre eux. » Albertville (Sav.), BRACH.

« Il fait mauvais aller au bois quand les loups se mangent l'un l'autre. » Et. PASQUIER, *Recherches*, 1665, p. 680. — « Il ne serait pas seur aux bois si les loups se mangeoient l'un l'autre. » ALLARD, 1605, f^et^ 77, v°.

58. — « *Maouvés pays, lou loup y mèntsorio sa mayré* = mauvais pays, le loup y mangerait sa mère. » Lot, AYMA.

59. — « Tout loup manjo dé toouti le viando é lipo la siéouno. » Provence, *Rev. d. l. rom.*, 1884, p. 38. — « Il lupo mangia ogni carne e lecca la sua = *Ognuno risparmia sè e i suoi.* » Prov. ital.

60. — « Il vaut mieux manger le loup que le loup vous mange. » Henri MONNIER, *Le premier de l'an*, 1840. — « Bal mal tuà lé loup qué noun pas qué lé loup bous tué. » Aude, c. p. M. P. CALMET.

61. — « *Le loup mange de la viande qu'il tue* = il est actif et courageux; il faut faire comme lui. » Vosges, HAILLANT, *Proverbes*, 1902, p. 26.

62. — « En un oustau de loup non mettés ta car. » Provence, XVIIe s., *Bugado prov.*

63. — De la gloutonié dou buou lou loup lico l'arayré. » Provence, XVIIe s., *Bug. prov.*

64. — « *Loup* = branche gourmande et inutile qui vient au pied d'un arbre. » Haute-Savoie, CONST.

65. — « Il n'y a point de dommage que ce que le loup emporte. » Vosges, HAILLANT, *Prov.*, 1902, p. 16.

66. — « Où le loup habite, Ne commet daim (*damnum*) ne delict. » BUCHLERUS, 1639.

« La nature del lou est tiel qe poynt de damage fra en contrée prez de lui, quant novelement ad chaelée, mès en longteyn païs va quiere sa preye, pur ceo qe il ne vodereit qe ses fiz pur son otrage fussent grevez. » XIVe s., P. MEYER, *Contes de Bozon*, p. 148. (On en dit autant du renard et du putois.)

67. — « Il fait comme le loup qui pour ung dommage en fait deux. » G. PARIS, *Les sept sages*, p. 33.

68. — « On dit que comme le chien ne porte point de playes incurables, quand il les peut atteindre de la langue, ainsi que l'âme n'est point irremediablement blessée, quand elle y veut porter la langue par la confession. Mais le mal'heur est que plusieurs ayment mieux ressembler au loup qu'au chien; duquel on dit que toutes ses blessures tant petites soient elles, sont mortelles, quand il y peut porter la langue, car il les empoisonne, et autant en font ceux qui *gloriantur cum male fecerint.* » JOSSE, *Deroute de Babylone*, 1612, p. 294.

69. — « Quidquid pede presserit Amplius non vivit » GRUAU, *Invention de chasse pour prendre les loups*, 1613.

70. — « Quod lupus ingluttit Nunquam vel raro redibit. » lat. du moy. â., *Altdeutsche Blätter*, 1836, p. 10. — « Gutture clausa lupi Raro solet esca relabi. » ID., *id.*

71. — « *Se mettre à la gueule du loup* = aller au devant du danger. » FURETIÈRE, *Aeneide travestie*, 1649, p. 88.

72. — « Contra lupum vigilare Est raptus vitare » lat. du moy. â., *Altdeutsche Blätter*, 1836, p. 14.

73. — « Chascun veult mener les leups paistre. » Ritter, *Poés. du XIVe s.* (dans *Bull. de l'Inst. nat. génevois*, 1880. p. 421).

74. — « Faire du loup le berger. » Cachet, *Preserv. de la pet. ver.*, 1617, p. 232. — « Foulz est qui fait de leu bergier », anc. fr., Littré. — « Mal siet le loup a paistre les brebiz. » xve s., Brunet, *Poesies d'Alione*, 1836. — « Botè lo loup pou wardè ses tcheuvds. » Ban-de-la-Roche, Oberlin, 1775. — « *Il a acheté le loup pour manger sa chèvre* = il a fait une mauvaise acquisition, un mauvais marché. » H.-Sav., Const. — « Nous avons bien nourry le loup qui nous mangera. » xvie s., Henne, *Mém. de Payen*, 1860, I, 61. — « *Enfermer le loup dans la bergerie* = donner l'hospitalité à un ennemi ; se dit au figuré, quand on revêt des vêtements secs par-dessus des vêtements humides. » Pays messin, r. p. — « *Enfermer le loup dans la bergerie* = fermer une plaie trop tôt. » *Dict. des arts*, 1732. — « On n'élève pas un enfant de loup dans les bergeries ni un rejeton de la Bohême dans les bonnes maisons. » Audebrand, *Les Fleuranges*, 1883.

75. — « Les loups trouvent toujours qu'il y a trop de bergers. » Lozère, *Armanac de Louz.* 1907, p. 14.

76. — « *A mal berger qui lous aime* = mauvais berger qui aime le loup. » Anc. fr., Le Roux de L.

77. — « Les dogues des bergeries sont devenus des loups. » Garasse, *Rech. de Pasquier*, 1622, p. 136.

78. — « Quand les chiens s'entendent avec les loups, il va mal pour les brebis. » J.-P. Camus, *Divertiss. hist.*, 1642.

« Quand lou loup et lou pastré s'entendon lou troupel a maou temps. » Cantal, *Rev. d. trad. pop.*, 1886, p. 375. — « Quand lou tché (*chien*) béy (*avec*) lou loup s'entend, la berdzéyra a maou temps. » Ambert (P.-de-D.), MISSOUX. — « Quand les chiens voient le loup, ils s'accordent. » FUSI, *Le franc archer de l'égl.*, 1619, p. 99. — « Pendant que les chiens querellent et s'entregrondent, le loup dévore la brebis. » LA BARILLÈRE, *L'antipseudo pacifique*, 1604, p. 22.

79. — « *La male garde paist le loup* = le loup trouve le moyen de prendre les brebis quand elles sont mal gardées. » Anc. fr., *Zeitsch. f. d. Alt.*, 1859, p. 131. — « Marrido gardo paysso lou loup. » Provence, XVIIe s., *Bugado prov.* — « *A mal pastour lous chie laine* = le loup enlève les brebis du berger paresseux, les mange avec la peau, ce qui fait qu'il chie de la laine. » Pr. anc. fr., TOBLER, *Li prov. au vilain*, 1895, p. 13; p. 124 l'auteur fait des rapprochements et des commentaires. — « Par maise (*mauvaise*) warde chye le leu laine. » Fr. du XIVe s., dans le nord-est, MICHELANT, 1875.

80. — « Quand Dieu eut créé le chien le diable créa immédiatement le loup. » Ain, VICAIRE, *La poés. pop.*, 1902, p. 241.

81. — « Le loup ne void jamais un mastin qu'il ne tremble, se souvenant des brebis qu'il a égorgées. » BINET, *Œuvres spirit.*, 1626, p. 229.

82. — « *S'aimer comme chien et loup* = se détester. » Loc. franç.

83. — « Quand lou chi dort, lou loub vélho. » Languedoc, SAUV., 1785.

84. — « Ceux qui ont le loup pour voisin doivent avoir le chien du village pour compagnon. » ALLARD, 1605, f. 194, v°.

85. — « La mort d'un chien c'est la vie d'un loup. » Picardie, Champagne. — « Mort du louveau, Santé de l'aigneau. » G. MEURIER, 1582.

86. — « A car de loup, dent de chin; a car de chin saouço de loup. » Lou chin n'a jamaï manja lou loup. » Prov. provençaux.

« Tel loup, tel chien. » GRUTER, 1610, p. 254.

« *Perro que lobos mata, lobos le matan* = un chien qui tue les loups, les loups le tuent enfin. » Prov. espagn., OUDIN, *Refranes*, 1624, p. 195.

Ces proverbes indiquent que la lutte entre chiens et loups est égale, qu'un chien vaut un loup et réciproquement.

87. — « Il ne les fault non plus espargner qu'un vieil loup. » CORDERIUS, *Sententiæ proverb.*, 1551, p. 130.

88. — « Si quelqu'un s'y ingere, je le courrai comme un loup gris. » DUPUY, *Satyre Menippée*, 1677, p. 141.

« Cela est connu et couru comme un loup blanc. » BINET, *Œuvres spirit.*, 1620, p. 309.

89. — « Lóup, riu é gran cami Nou soun pas boun vési. » Ariège, *Alman. patois de l'Ar.*, 1892, p. 11. »

90. — « C'est un lieu net de toute vermine, comme l'Angleterre de loups. » ALLARD, 1605, feuillet 90, verso.

91. — « *C'est un pays de loups* = c'est un pays sauvage, où il n'y a personne. » WANDERBURGH, *Maison du bon Dieu*,

comédie, 1836. « *Vivre en loup ou en loup-garou* = vivre en sauvage, ne voir personne. »

« *Et loup nou s' plats qu'éna tuta* = le loup n'aime à vivre que dans son trou. » Arrens (Hautes-Pyr.), c. p. M. M. Camélat.

92. — « *Etre loup, être loup-garou* = être avare, se dit surtout en parlant des enfants. » Doubs, Roussey. — « Etre comme le petit *Guillaume le Loup*, aimer mieux prendre que donner, être avare. » Proverbe breton, Ernault (dans *Mélus.*, X, 259).

93. — « Raço de loubatous, lou meillour non vau ren. » Provence, XVIIe s., *Bugado prov.* — « Raço dé loubétaou Lou mélhou ré né vaou. » Gascogne, c. p. M. A. Perbosc. — « *Grano dé loup* = race maudite, vagabonde. » Languedocien, D'Hombres.

« C'est comme lorsqu'on choisit les loups dans une hotte, le meilleur ne vaut rien. » Suisse rom., Blavignac, *L'Empró.* — « *Come il lupo* = comme le loup, qui n'est bon ni quand il est vivant, ni quand il est mort. » Proverbe ital., Duez.

94. — « Un paysan et puis un leu N'ont qu'une âme à deux. » Somme, A. Ledieu, *Monogr. de Demuin*, 1892, III, 207.

95. — « Il ne vaut pas un pet de loup = *il ne vaut rien.* » Aisne, c. p. M. L.-B. Riomet.

96. — « *Aloubri* = étonné, surpris. » Berry, Lapaire.

97. — « *Enloubi* = maltraiter quelqu'un, le bousculer, le traiter comme un loup. » Comminges gersois, c. p. M. B. Sarrieu. — « *Béstyé coum un loup* = bête, c.-à-d. féroce, brutal comme un l. » H.-Gar., c. p. M. B. Sarrieu.

98. — « Gardeti d'un loup aprivoisat,
D'un giudiéou (*juif*) batégeat,
E d'un énémic réconciliat.

Nice, Toselli.

« Si vous avez avec vous *un loup apprivoisé*, gardez-vous de vous laisser tomber en route, le loup reprendrait son naturel et vous mettrait en pièces. Un jour, un voyageur à cheval laissa, avec intention, tomber son manteau ; le loup qui l'accompagnait, se jeta sur le vêtement et le lacéra. L'homme édifié mit l'animal à mort. » Deux-Sèvres, B. Souché, *Croyances*.

99. — « Quand lou loup éy à la corde,
Qué cride miséricorde. »

B.-Pyr., Larroque, *Arr.*, 1897.

100. — « *Il faut travailler comme des loups* = beaucoup et durement. » *Madame* d'Aulnois, *Contes nouveaux*, 1698, II, 208.

101. — « En espérance d'avoir mieux
Tant vit le loup qu'il devient vieux. »

Nucérin, 1612.

102. — « Lou loup es toujour loup. » — Lou loup toumbo de péou, maï de vici, jamai. — « Cu naïsse loup, noun more agnéou. » — « Tout loup mor dins sa péou. » Proverbes provenç., *Rev. d. l. rom.*, 1884, p. 30.

« Jamaï loup n'o engendra d'aniel. » Limousin, *Annuari lem.*, 1884, p. 56. — « Les loups ne font pas d'agneaux. » Vosges, Haillant, 1902. — « Les aigles n'engendrent pas des colombes, aussi peu que les louves pourroyent produire des hermines. » *Départ apostatique de J. de Labadie*, 1670, p. 134. — « Jamaï d'un loup s'en fara pas ca dé parqué (chien de parc) » Tarn-et-Gar., Buscon. — « De raço Lou loup casso. » Aveyron, *Annuaire de l'Av.*, 1842, p. 260. — « *Adès reva li leus ou bois* = toujours le l. retourne au bois, il ne peut s'empêcher de reprendre ses habitudes. » Pr. anc. fr., *Cleomadès*, 172. — « Loup change à tard condition. » *Rec. de poés. fr. du XVI* ., 1856, III, 186 — « Agneau naistra de quelque louve Avant qu'amour en vous se trouve. » D'Esternod, *L'espadon satyr.*, 1680. — « Avant que nous couchions ensemble Les loups baiseront les brebis. » D'Esternod, *Esp. sat.*, 1680. — « Le loup mourra dans sa peau. » *L'ami de la maison, revue*, II (1857), p. 374. — « En la peau où le loup est, il luy convient mourir. » Cotgr., 1650. — « Loup en sa peau mourir désire. » xvie s., Baïf, éd. Blanch., II, 219. — « Le loup change de poil, non de courage. » Guillemeau, *Disc. sur les géans*, 1615, p. 26. — « *Veuls tu faire les loups innocents* = faire une chose inutile. » xive s., Eust. Deschamps, I, 206. — « On n'apprivoise pas le loup. » Giron, *La béate*, 1884, p. 254.

103. — « *Fuyant le loup il a rencontré la louve* = il est tombé de Charybde en Scylla. » Anc. fr., Estienne, *Précellence du franç.* — « Si on n'est pas pris du loup, on l'est de la louve. » Vosges, Haillant, *Prov.*, 1902. — « Pour fuyr le chien, le plus souvent trouvions le loup. » Duroc Sort-Manne, *Nouv. récits*, 1573. — « Tal cerco lo fédo (*brebis*) qué trobo lou loup. » Albi, Combettes-Labourr., *Roman et pat.*, 1878, p. 116.

104. — « Qui entre les loups est Uller l'estuet (*lui convient*). » Anc. fr., Langlois, *Prov.* — « Qui hante avec le loup Hurler convient s'il n'est lourd. » Buchlerus, 1639. — « Il faut huyer avec les loups. » Bona Spes, 1514. — « Il faut hurler avec les loups et aboyer avec les chiens. »

Wallon, *Arm. wall.*, Malmédy, 1885. — « Quand on passe par le pays des loups, il faut hurler. » Templeuve (Nord), Bonnier.

105. — « *Hurler plus haut que les loups* = prendre les devants quand on a des reproches à recevoir, crier plus haut que celui qui vous reproche quelque chose. » Paris, r. p. — « *Hurler plus fort que le loup.* » Marne, c. p. M. E. Maussenet.

106. — « *On ne voit aultres loups hurler* = on n'entend qu'eux, il n'est question que d'eux. » xve s., Guill. Coquillart, *Poes.*, édit. de 1723, p. 19.

107. — « Un homme fait peur à un autre homme la nuit au milieu d'une rue et le jour dans les bois ; deux loups s'y rencontrent et s'y font accueil. » *Ecole de l'homme*, 1752, II, 118.

« *Lupus est homo homini, non homo* = l'homme est un loup pour l'homme, mais non l'homme (qu'il devrait être à l'égard d'un autre homme). » Plaute, *Asinaria*, acte II, scène iv, vers 88.

« Homo homini lupus,
Sacerdos sacerdoti lupior,
Monachus monacho lupissimus »

Comm. par M. F. Bonnardot.

« Homo homini lupus,
Fœmina fœminæ lupior,
Sacerdos sacerdoti lupissimus. »

Comm. par feu J. Couraye du Parc.

(Chose curieuse, je n'ai rencontré nulle part, dans mes lectures, ce proverbe de clercs du moyen âge. Les personnes qui me l'ont communiqué le tenaient de la tradition orale.)

« Medicus medico lupus. » Vieil adage, *Mém. de la soc. d'émulat. du Doubs*, 1902, p. 206.

« Les pires loups sont les loups baptisés (*les hommes*). » H.-Pyr., c. p. M. P. Tarissan.

« A ce que je vois il n'y a pas un homme qui ne soit le loup des autres. » De l'Isle, *Timon le Misanthrope*, Amsterd., 1723, p. 34.

108. — « *Que nouiris néboudos è nébouts Nouiris loubos è loubotos* = qui nourrit nièces et neveux, nourrit louves et louveteaux. » Aveyron, Duval. — « Neboutz e néboudos Loups é loubos (1). » Armagnac, Bladé, *Prov.*

109. — « On appelle *loubati* un homme fin et dangereux. » Ambert (Puy-de-D.), Grivel, *Chroniques du Livradois*, 1852, p. 38.

« Il estoit craint comme vingt loups gothiques (*vieux?*) au mois de janvier. » Noel du Fail, Edit. Assézat, II, 60. — « Audax est, qui non timet lupum circa Natalem, rusticum in Carnisprivio, sacerdotem in Quadragesimâ. » Mone, *Quellen d. teutsch. Liter.*, 1830, I, 196.

« C'est un Richard Sans Peur, il ne craint ny loup ni lièvre, s'ils ne volent. » D. Ferry, *Pharos*, 1683, p. 306.

« Je n'aurais pas peur de trois loups, moi, ni de trois Grand-Valiers (*rouliers du Grand-Vaux dans le Jura*). » Jura, Max Buchon, *En province*, 1858, p. 109.

« Plus espouvantable qu'un loup blanc. » Fusi, *Franc archer de l'égl.*, 1619. — « On l'appréhende comme loup blanc et satyre. » *Le Tondeux qui court*, 1615, p. 13.

---

(1) Même proverbe dans le Lot, les Landes et les H.-Pyr.

« Ils se pelotonnèrent avec terreur comme des brebis devant un loup. » Ricard, *Le tapageur*, 1841, II, 83.

« Les poltrons prennent les feuilles pour des loups. » Renout, *Le devin par hasard*, comédie, 1780.

110. — « Je ne suis guiere mieux que si le loup me tenoit. » *Etat de fortune des potentats en proverbes*, 1642, p. 4. — *Être à la gueule du loup* = être en grand danger; les Italiens disent *in boccà all'orso.* » Oudin, 1681. — « *Avoir vu le loup* = avoir acquis beaucoup d'expérience, après avoir beaucoup couru des dangers et subi des épreuves. » Richelet, 1710. — « Un juge qui a vu le loup est double loup. » Le Bon, 1557. — « Nous avons veu le loup à nos dépens. » *Etat de fort. des pot. en prov.*, 1842, p. 6 (1). — *Avoir vu le loup* se dit d'une fille qui a perdu son innocence. — « N'ayant encore que quinze ans, elle a déjà vu le loup. » *La Gaudriole du 9 mars 1893.* — « A la Lande d'Ai: ou les filles n'ont pas peur du loup. » Tesson, *Blason pop. de l'Avranchin*, 1903, p. 7.

111. — « Tu as de pitié comme un loup. » *Catholiques œuvres*, 1541, I, f[t] 151, r°.

112. — « Il a couraige de loup, asseurance de meurtrier. » Rabelais.

113. — « Les petits sont sujets aux loups et les grands en font à leur guyse. » Nucérin, 1612.

(1) Ils n'avoient jamais veu le loup
Ni la guerre qu'en la gazette
Ou de loin par une eschauguette.

Moreaux, *Choix de mazarinades*, 1853, I, 353.

114. — « Li lous n'est pas si granz comme on le crie. » Anc. fr., TOBLER, *Li prov. au vilain*, pp. 80 et 167. — Cf. « Le diable n'est pas si noir qu'on le dit. » — « Faire le loup plus grand qu'il n'est. » DU LORENS, *Satyres*, 1624, p. 153. — « *Tu nous fais le loup grand* = tu veux nous faire peur. » ALLARD, 1605, f[t] 176, v°. — « *Pour lui il n'y a pas de petits loups* = se dit de celui qui voit tout en noir. » Loc. franç.

115. — « Tousjours n'est pas le loup au boys. « *Rec. de p. franç.*, 1856, V, 286. — « *Il n'y a pas un loup derrière chaque buisson* = il ne faut pas avoir peur de tout, le diable n'est pas toujours à la porte d'un pauvre homme. » R. p.

116. — « Il ne faut pas se moquer du loup qu'on ne soit hors du bois. » Vosges, HAILLANT, *Prov.*, 1902.

117. — « *Jeter le loup du bois* = éviter le danger. » Poitou au XVII° s., *Rev. d. trad. p.*, 1905, p. 308. — « *Virà ét loup dél bosc* = même sens. » H.-Pyr., c. p. M. M. CAMÉLAT.

118. — « *Il y a plus d'un loup au bois*, pour dire : il y a plus d'un âne qui s'appelle Martin ; je ne veux pas parler de la personne que vous croyez. » XVI° s., BONAV. DES PÉRIERS.

119. — « *I r'sane à un leu, I cache son musieu* se dit d'un indiscret qui ne se cache pas suffisamment pour voir et entendre et qui se croit bien caché. » Picardie, JOUANCOUX.

120. — « *C'est un vieux leu* = c'est un homme fin, rusé. » *Dict. de Trév.*, 1752.

121. — « Si tu es un renard, je suis un loup. » DREIMÆNNER, *Scandales de Paris*, s. d. (vers 1885), p. 115.

122. — « Tu n'es ni chien ni loup, ni chair ni poisson. » FUSI, *Mastigophore*, 1609, p. 79. — « *N'es pas ni co ni loup*,

ni noun bramo, ni noun japo = il n'est ni chien ni loup, il ne hurle, ni n'aboie. » Aveyr., DUVAL.

123. — « *Noun si crido au loup que noun siegue dins lou païs* = on ne crie pas au loup, sans qu'il y en ait un dans le pays ; il n'y a pas de fumée sans feu. » Provence, *Rev. d. l. rom.*, 1884, p. 40. « *Se non fù lupo, fù almeno un can bigio* = si ce n'était pas un loup, c'était au moins un chien gris, c.-à-d. quelque chose d'approchant. » Prov. ital., PESCETTI.

« *Il y a un loup ou un crapaud* = il y a quelque chose de nouveau, mais on ne sait pas quoi au juste. » Hautes-Pyr., c. p. M. M. CAMÉLAT.

124. — « *Montrer le loup* = avertir quelqu'un du danger. » XVIe s., AGRIPPA D'AUB., éd. Réaume, VI, 323.

125. — « Pour cet example voil monstrer C'on doit aincois li leu huer Des bestes qu'il y soit venuz. » J. LOTH, II, 8.

126. — « Bel escrie le lou qui la praie resqueust. » Pr. anc. fr., LANGLOIS. — « Buer escrie le lou qui sa proie rescout. » TOBLER, *Le prov. au vil.*, 1895, p. 8. [Le berger agonit de sottises le loup qui vient pour enlever sa proie ; quelqu'un qu'on va dépouiller se démène, se plaint vivement.].

127. — « *Il fait bon vivre en repos et se moquer du loup* = celui qui reste tranquille dans sa maison n'a pas de danger à courir. » Forez au XVIIe s., CHAPELON, *Œuvres*, 1820, p. 200.

128. — « Elle a en jument échapée Donné un coup de pied au loup. » XVIe s., AGRIPPA d'AUB., éd. Réaume, III, 163.

129. — « Le loup ne m'emportera sans lever la queue. » LE BON, 1557.

130. — « Toujours vieille jument n'est à jetter aux loups. » AUVRAY, *Banquet des muses*, 1623, p. 133.

131. — « *Que lou fet A corbiau plet* = il reste quelque chose, pour le corbeau, des dégâts du loup. ». Prov. anc. fr., *Zeitch. f. deutsches Alterthum*, 1859, p. 132.

132. — « Lou loup manjo qu s'èncrabido = *le loup mange celui qui se fait chèvre.* » Montauban, c. p. M. A. PERBOSC.

« On voit que trop faire la beste Nous fait souvent manger au loup. » *Revers du prince de Condé en vers burl.*, 1650, p. 4.

« Que je suis gentille comme ça ! oh ! je suis trop gentille, le loup me croquera ! (1) » XAVIER, *Paysanne demoiselle*, vaudeville, 1834.

« Homme seul est viande à loup. » NUCÉRIN, 1612. « *Quand l'an vé viér lou loup vous mindza* = quand l'on devient vieux, le l. v. mange. » Limous., *L'Echo de la Corrèze*, 1892, n° 1. « Si vous êtes trop bon, le loup vous mange. »

« Le dernier, le loup le mange. » COTGRAVE, 1650.

« *Laisser manger au loup quelqu'un* = ne pas lui ouvrir la porte de la maison quand il est dehors. » Jura, Max BUCHON, *En province*, 1858, p. 10.

133. — « Louve, goupille (*renard*) et chate sont trois bestes de proie ; chate cherche, goupil gaite, louve ravist. » Pr. anc. fr., *Zeitsch. f. rom. Phil.*, 1885, p. 312. — « Le chat fayt prouffit en la mayson et le loup fayt dommaige aux champs. » GOBIN, *Loups ravissans*, 1525.

---

(1) On dit habituellement d'une jolie petite fille qu'elle est *gentille à croquer*.

134. — « L'en ne prent mie leu ne gopil soz son banc. » XIIIe s., Rob. WACE, I, 64.

« Fur cognoscit furem, lupus lupum. » J. TEXTOR, *Feriarum haegeranarum liber*, 1616, p. 158.

« *Tost sest li loup que male beste pense* = le l. sait bien ce que pensent les méchantes bêtes ; étant mauvais lui-même il comprend les perfidies des autres. » Anc. fr., *Bibl. de l'éc. d. ch.*, 1873, p. 46.

135. — « D'ung leu ne prent on pas bien l'autre. » LANGLOIS. (Le loup est méfiant et ne se laisse pas entraîner par un faux frère, comme d'autres animaux, par exemple le cerf.)

« Pour çou que jà goupius (*renard*) sans faille
Ne seroit pris d'autre goupil,
Ne leus par leu mis à escil. »

REIFFENB., *Chron. de Ph. Mouskes*, 1838, II, 53.

« Unques od lou, ce m'est avis,
Ne fu unquore autre lou pris,
Ne od gopille pris gupil. »

Fr. MICHEL, *Chron. d. ducs de Norm.*, 1836, I, 202.

136. — « *Il est habile à la danse du loup* se dit de quelqu'un très capable de faire l'amour. » RENOU, 1626. — « Il lui enseigna la danse du loup, la queue entre les jambes. » BÉROALDE DE VERV., éd. Royer, I, 135.

137. — « *Aller à pas de loup* = marcher sans bruit. » Loc. fr. — « *Marcha aloupida* = marche à pas de loups. » Hérault, *Félibrige lat.*, 1897, p. VII.

138. — « Le loup a la gueule naturellement *accrochée* ; pour l'ouvrir il est obligé de la frapper contre terre. On dit aux enfants : *tant que le loup n'aura pas frappé son museau*

par terre, vous n'avez pas besoin d'avoir peur. » Clerval (Doubs), r. p. — Selon Roussey, on dit cela du *loup-garou* à Bournois (Doubs).

139. — « *Lou tenon per lis auriho, Mai que lis ague courto* = Nous tenons le l. par les oreilles, bien qu'il les ait courtes. » Provence, *Rev. d. lang. rom.*, 1884, p. 41. — Sur le prov. lat. *teneo lupum auribus*, voy. Quicherat, *Mélanges de philolog.*, 1879, 27ᵉ article.

140. — « Une fois que le loup est pris il attend la mort avec un stoïcisme extraordinaire qu'on admire; mais quelquefois on y voit de la lâcheté. »

« *C'est la mort du loup* = c'est une mort héroïque. — J'ai vu, je ne sais plus où, l'image d'un Vendéen mourant bravement, fusillé par les Bleus, avec cette légende : *La mort du loup*[1].

« Les loups ne se plaignent pas quand on les tue, comme font chiens. » Gaston Phœbus, p. 70.

« ... Dolans fu et honteus
Tout aussi comme li pris leus
Qui n'ose nului regarder. »

Van Hasselt, *Li roumans de Cléomadès*, I, 136.

Plus muet et plus estonné qu'un loup pris au piège. » *Facecieuses paradoxes de Bruscambille*, Rouen, 1615. — « Plus pénaut qu'un loup pris au piège. » Fournier, *Var. hist.*, IV, 29.

141. — « Il ne faut qu'un coup pour tuer un loup. » Bonnet, *Revanche d'Orgon*, s. d. (vers 1890).

---

(1) Il y a dans Alfred de Vigny une belle pièce intitulée *La mort du loup*.

142. — « Belle mort d'un jeune lou = *c'est un bon débarras pour l'avenir.* » BAÏF, éd. Blanch., 1880, II, 222.

« C'est une bonne prise que d'un jeune loup. » COTGRAVE, 1650.

143. — « Prendre à la mort du loup et à la mort de l'homme. » LE BON, 1557.

144. — « Il est mort, absous comme un loup gris trespassant comme une autre laide bête. » XVIe s., BÉR. DE VERV., *Moy. de parven.*

145. — « Je vis comme les loups, je veux guérir comme eux sans autre docteur que Sainte Patience. » E. SOUVESTRE, *Scènes des bords de la mer.*

146. — « Il a la tête grosse comme un loup. » RESTIF DE LA BRET., *Nuits de Paris*, 1791, p. 2701.

« Faire la tête de loup à quelqu'un = *lui faire grise mine.* » Ain, P. BOURDE, *Fin du vieux temps*, 1885.

« Il a ramassé pendant la morte saison *une tête comme un loup de sept ans.* » Côte-d'Or, *Armana bourguignon*, 1850, p. 68. (Cette loc. signifie que la personne s'est engraissée à ne rien faire.)

Tête de loup = 1° chevelure abondante et mal tenue; 2° espèce de balai avec une grosse tête.

« *Tête de loup* = entremetteur de mariages. » Allier, JAUBERT.

« *Tête de loup* = personne qui a l'intelligence obtuse. » Luzy (Nièvre), r. p.

147. — « Elle a des dents de jeune loup, blanches et petites. » *La Gaudriole*, 1892, p. 279.

148. — « *Sé talpo bésio, Sé loup séntio, Jamay ré nou sé salbario* = si taupe voyait, si loup sentait, rien ne se sauverait. » Languedoc, TAUPIAC. — « Si le loup sentait, si l'anis (*l'orvet*) voyait Et si la chèvre avait des dents dessus, Tout le monde serait perdu. » Isère, LAURENT, *L'avocat de l'Isère*, 1873, p. 116.

149. — « On prétend que le loup n'y voit pas quand il y a clair de lune. » Ineuil (Cher), r. p.

« *Andar comme' il lupo, a occhi e voce* = camminar nelle tenebre e senza sà per dove, come coloro che vanno di notte per luoghi non conosciuti, che vanno dietro a qualche lume che veggiono, à voce che odono. » Prov. ital., PESCETTI.

150. — « *La nueç es facea per lu loup e per durmi* = la nuit est faite pour le loup et pour dormir. » Nice, TOSELLI.

151. — « On dit de quelqu'un qui a le regard méchant ou oblique, qu'*il a l'œil de loup.* » DUEZ, 1664.

153. — « Ses yeux furetaient à droite et à gauche comme ceux d'un loup. » MONTFERMEIL, *Monsieur le Maire*, s. d. (vers 1900).

154. — « Le loup a une force incroyable devant, mais derrière, une atteinte de lévrier lui fait donner du cul à terre. » SALNOVE, 1655, p. 135.

« La vertus du loup est en la poictrine, es ongles, en la gueule et es parties de devant et non point derriere. » GOBIN, *Loups ravissans*, 1525, f[ct] 55, v°.

« Si lou loup aiè de força darriè comma davant
Empourtariè lou buou en bramant. »

Env. de Gap, F. ALLEMAND (dans *Soc. d'Etudes des Hautes-Alpes*, 1884, p. 374).

« Sa force est en sa bouche, mais au piz et à reins n'a il

point de force, et son col ne puet plier. » Brun. LATINI, éd. Chab., p. 247.

155. — « Le loup a *les côtes en long;* pour se retourner il faut qu'il pivote sur lui-même ; il n'en est pas de même du chien. On dit à celui qui n'est pas souple ou qui est paresseux pour se baisser : *tu es comme le loup, tu as les côtes en long.* » Locution répandue dans toute la France. — « *Costo en loung*=côtes en long, est un sobriquet donné à un paresseux. » Beaucaire, P. BONNET, *Revuou dęis saisouns*, 1839, p. 25.

« Si vous marchez en zigzag le loup ne peut vous attraper, car il a les côtes en long et ne peut se tourner brusquement... On dit à un paresseux : tu as les côtes en long, tu ne peux pas travailler. » Luzy (Nièvre), r. p.

« La Vierge Marie avait planté des choux ; des chèvres vinrent les manger. Plainte à Dieu qui crée les loups pour garder les choux. Les loups dévorent tous les animaux domestiques. Plaintes contre les loups. Marie pour les punir leur donne le choix ou de porter le *clérin* (sonnette) ou de se laisser *éreiner* (éreinter). Ils choisissent le *clérin ;* mais poursuivent en vain les animaux avertis par le son ; meurent de faim ; préfèrent être *éreinés.* La Sainte Vierge les *eréne,* c.-à-d. change leurs côtes de position en les mettant de travers en long, si bien que quand on prend un loup par la queue, il ne peut se replier sur lui-même pour mordre. » La Puisaye (Yonne), *Annuaire hist. de l'Yonne*, 1864, p. 196.

« Sur le loup qui a les côtes en long » voyez encore : SÉBILLOT, *Folkl.,* III, 8, 11.

156. — « Le loup, quand il court, a une allure particulière, qui n'est pas celle du chien, on dit *qu'il va le traquenard.* »

Man kennt den Wolff am Gange,
Die Glocke am Klange,
Den Franciscaner am Strange,
Den Bauren an der Gabel,
Die boesen Advocaten am Schnabel.

Prov. allem., WOLTERMANN, *De nequitiâ advocatorum*, 1735, in-4°, p. 32.

157. — « *A paou di loup* = il a peur du loup, se dit de l'ouvrier paresseux. » Gard, c. p. M. M. RÉGUIS.

158. — « *Pieds de loup* = émigrants auvergnats traversant la ville. » Moulins (Allier), JAUBERT.

159. — « Crotté comme un leu veuf. » Ramecourt (P.-d.-C.), c. p. M. Ed. EDMONT. — « Crotté comme un loup. » Normandie.

160. — « *Brun de poill de loup* = nuance du brun. » XIVe s., Gaston PHŒBUS, p. 31. — « *Gris de loup* = nuance du gris. » FUSI, *Franc archer de l'église*, 1619, p. 885. — « *Grislouvet* = couleur du poil chez certains chevaux. » DUEZ, 1664. — « *Esimbru* = drap couleur gris de fer. » anc. languedoc., P. MEYER, *Flamenca*, 1901, I, 350. Cf. Du C. au mot *isembrunus*.

161. — « Pousser des soupirs gros comme des pets de loup. » Boulogne-sur-Mer, r. p.

162. — « *Il n'a jamais vu un loup péter sur une pierre de bois* = il n'a jamais rien vu, c'est un sot. » Locution très répandue. — « *Elle a vu péter le loup sur la pierre de bois* = se dit d'une fille qui n'est pas novice en amour. » env. d'Annecy, CONST. — « Aquèlo a vis pétà loup = se dit d'une femme libre en paroles, mais qui se garde, est prudente. » Gard, c. p. M. M. RÉGUIS.

163 — « *Fare il peto al lupo* = faire le pet au loup, échapper à une maladie crue mortelle. » Loc. ital., DUEZ, 1678.

164. — « *Vesse de loup* = petit beignet rond. » MÉNAGE, 1750. [C'est probablement ce qu'on appelle aujourd'hui *pet de nonne*.]

165. — « Il aurait dévoré un loup, la queue lui sortirait de la bouche, qu'il dirait que ne n'est pas vrai, c.-à-d. c'est un grand menteur. » H^{tes}-Pyr., c. p. M. M. CAMÉLAT.

166. — « Faire à quelqu'un la *coe lovinace* = se moquer de lui, lui jouer un tour. » Anc. fr., DU C., VII, 219. — « Renart le fist cent louppes En derrière... » anc. fr., DU C., VII, 219. — « *Alober* = se moquer de quelqu'un. » anc. fr. et aujourd'hui dans le Maine, GOD. — « *Elleuper* = tromper, duper. » anc. fr., GOD. — *Queue de loup* = sobriquet donné à un homme méchant. » Craon (Mayenne), au moyen-âge, BODARD, *Chron. craonn.*, 1871, p. 531.

167. — « Les os je te rompray de coups. — Adieu ! garde la queue des loups = ? » MABILLE, *Choix de farces*, 1873, II, 165, XVIe s.

168. — « On prend un homme par la parole comme le loup par la queue. » ALLARD, 1605, f^{ot} 204, v°.

169. — « Un grand chien efflanqué comme un loup. » J. FRÉVAL, *Paris coupe-gorge*, 1887, p. 249.

170. — On appelle *poil de loup* une touffe de poils de couleur grise foncée qu'un grand nombre de chiens portent sur quelque partie du corps et qui semble indiquer qu'ils descendent du loup. On dit d'une personne *qu'elle a du poil de loup* pour signifier qu'elle n'est pas parfaite. — « *I out del peil del lou* = il y a eu trahison. » anc. fr., P. MEYER, *Hist. de G. Le Maréchal*, 1891, II, 366. — « *Il y a du poil de loup dans cette affaire* = cette affaire est entachée de mauvaise foi. On dit aussi : il y a du poil de l'ours. » Franç. MICHEL, *Dict. d'argot.* — « *Il y a de*

la peau de loup = il y a dans cette affaire du louche. » BERLUCUS, 1632, p. 240.

171. — Il semble qu'on ait dit de l'homme qu'il avait toujours quelque dent irrégulière appelée *dent de loup* : « *Es ist kei Ma, er hat e Wolfszah, es ist kei Frau, si het ne au* = pas d'homme qui n'ait une dent de loup, pas de femme qui n'en ait également, c.-à-d. qui n'ait quelque défaut. » Suisse allem., SUTERMEISTER.

172. — « On dit qu'on a *des dents de loup* quand on a mangé des fruits acides. » Luzy (Nièvre), r. p.

173. — « *Quand un garçon se marie, il lui pousse aussitôt une dent de loup* c.-à-d. qu'il devient méchant. » Franche-Comté, PERRON, *Prov.*, p. 94. — « Sourire de mèstre fa vèire dént de loup. » Marseille, *Armana marsihés*, 1892, p. 43.

174. — Les hommes brutaux et déréglés s'assagissent quand ils ont pris femme :

« *Si vos adouména lou loup, marida lou* = si tu veux dompter le loup, marie-le. » Limousin, *Lemouzi*, 1894, p. 113. — « *Chaguec mariar lou loup per l'adoumestir.* » env. de Gap, *Soc. d'Ét. des Hautes-Alpes*, 1884, p. 370. — cf. « *Per domptà lou diaples, lou moriderou* = pour dompter le diable on le maria. » Aveyron, DUVAL.

« Che voulé dondà (*dompter*) lou loup Maridà lou, » Ambert (P.-de-D.) MISSOUX.

175. — « La loubo trouvo pouli si loupin Coumo la may're si bambin. » Provence, *Rev. d. l. rom.*, 1884, p. 39.

176. — « *Ço qu'agrado aou loup Agrado à la loubo* = ce qui agrée au loup, agrée à la louve. » Marseille, *Arm. mars.*, 1893, p. 59. — « Lo que la loba haze Al lobo aplaze. » Prov. esp., OUDIN, *Refr.*, 1624.

177. — « *Battre le chien devant le loup.* » *Jeux d'esprit et de mémoire*, 1694, 18. (Le prov. signifie qu'on donne une leçon au loup, en battant le chien, pour les méfaits que lui loup a commis. On disait autrefois *battre le chien devant le lion.*)

178. — « Loup enfermé aux escoutes se range. » *Emblesmes sur les actions du segnor espagnol*, 1608, p. 18.

179. — « Plus despent loups que brebis ne oustarde. » XIVe s., Eust. DESCHAMPS, II, 64.

180. — « *Il a besoin de cela comme un loup a besoin d'une sonnette.* » Champagne, Franche-Comté, Berry, Languedoc.

181. — « Il n'a pas de quoi mettre un loup en faction sur ses terres = *il ne possède rien.* » Fr.-Comté, PERRON.

182. — « *La terre porte bien les loups*, se dit à un homme riche qui vous reproche de passer sur son terrain. » Fr.-Comté, PERRON.

183. — « Pour faire du loup une bonne bête il faut souvent lui faire fête. » Ambert (P.-de-D.), MISSOUX.

184. — « Ils feroient teter un bœuf vieux, tant les loups ressemblent aux chiens et les flatteurs aux amis. » ALLARD, 1605, f^{ot} 30, v°.

185. — « *Etre promené comme une peau de loup* = être vilipendé. Ceux qui ont tué un loup en promènent la peau, dans les villages, pour faire la quête. Tout le monde dit des injures à la dépouille de l'animal. » Deux-Sèvres, SOUCHÉ, *Prov.* — « Si l'on portoit sa teste par les villages on en auroit plus que de la teste d'un loup. » LE BON, 1557.

« Pour attirer un loup et le prendre dans un piège ou le tuer d'un coup de fusil on prend une charogne qu'on traîne à travers la campagne. Le loup suit le chemin tracé, à l'odeur. Cette charogne est appelée une *traînée* (¹). » Fur. 1708. — Le peuple, qui aime les locutions imagées appelle aujourd'hui *traînées* les filles perdues qui courent les rues et sont comme l'appât *traîné* partout pour attirer les chalants.

186. — Termes de vénerie :

« En vénerie on dit *chasser loup* et non *chasser le loup.* » Chézelles, *Vieille vénerie*, 1894, p. 162.

« On appelle *lit* ou *flâtrure* l'endroit où le loup a passé la nuit (*Dict. de chasse*, 1769) ; *liteau* le lieu où il se repose pendant le jour. (Richelet, 1710) ; *laissés* ou *lessés*, ses fientes (Gaston Phœbus, xivᵉ siècle) ; *laisses*, f. pl., même sens (*Bon varlet des chiens*, xviᵉ s.) ; *deschaussures*, f. pl. le lieu où il a gratté, où il s'est décrotté (*Dict. des arts*, 1732) ; *mengue* l'endroit où il a mangé (*Bon varlet des chiens*, xviᵉ s.) ; *mangeures*, même sens (Richelet, 1710) ; *abattis*, m. pl. les petits sentiers tracés par les jeunes loups allant et venant (*Dict. de l'Encyclop.*, 1751) ; *huer le loup*, le poursuivre avec de grands cris (Fur., 1788) ; *chasser le loup en huée*, même sens (Le Pelletier, 1752.)

« Le loup *ne se méjuge pas*, c.-à-d. qu'il pose ses pieds régulièrement les uns derrière les autres, de sorte que sa voie sur la neige forme une série d'empreintes absolument en lignes droites. »

(¹) Le mot *traînée aux loups* se trouve dans un docum. bourguign. de 1402, selon Canat de Chizy, *Louvet-en-Bourg.*, 1900, p. 31. — La traînée s'appelle *tirasso* en langued. selon Sauv., 1785 ; *carnage*, en franç. selon le *Diction. des arts*, 1732. — « *Faire trayn de char* = faire une traînée de charogne pour le loup. » xivᵉ s., Gaston Phœbus, p. 70. — « *Encharner le loup* = même sens. » *Idem*, p. 222.

« La louve apprend à ses louveteaux à emboîter le pas. » D'HOUDETOT, *Petite vénerie*, 1855.

« *Harloup !* cri pour exciter les chiens contre le loup. » Cl. GAUCHET, 1583, éd. Blanch., p. 316. — « *Harou !* = même sens. » anc. fr., GOD., s. v° *hu*.

« Le loup ne fait que d'aller = *ne va pas autrement qu'au pas*... Les *alleures* sont quand il marche au pas et d'asseurance et quand il court *fuittes* du loup... Les alleures se connoissent *allant d'asseurance* quand le pied du loup est serré et les fuittes quand il *louve* ce qui se fait par l'effort qu'il fait en courant. » SALNOVE, 1655, p. 148 et p. 151.

« *Le loup va d'assurance* ou *le loup va de bon temps* se dit quand, étant chassé, il ne se presse pas. » GAFFET, 1742, p. 271 et p. 304.

« *Le loup se déchausse* = gratte la terre avec ses pattes de derrière et enlève la terre de la largeur de quatre pieds environ. » GAFFET, 1742.

Le vieux loup, quand il est chassé, ne fait pas de randonnée comme les autres animaux mais s'en va droit devant lui ne s'arrêtant qu'à plusieurs lieues de son point de départ.

187. — « *Faire du loup en la paille* = se dit du loup poursuivi, qui s'est caché dans la paille et qui ne bouge pas, laissant passer ses persécuteurs. » LE BON, 1557. — « Contrefaire le loup en paille. » RABELAIS. — « *Il fait le loup à la carrière* = même sens. » J. BAUHIN, *Rage des loups*, 1591, p. 80.

188. — « *Dissimuler au vieil loup* = comme un vieux loup. » *Facecieuses paradoxes de Bruscambille*, 1615. — « *Un vieux*

loup = un homme vieux et roué. » *L'antimoine purifié*, comédie, 1668, p. 2.

189. — « *Faras de beous sauts apres lou loup* = tu feras le fanfaron ; allusion à l'histoire d'un chien qui se montrait courageux quand il n'y avait plus de danger. » Provence, XVIIe s., *Bugado prov.*

190. — « En parlant il disait sans cesse à tort et à travers : *mange mon loup, mange mon chien*. Voiture en a fait une ballade. » XVIIe s., TALLEM. D. RÉAUX, éd. de 1852, I, 425.

191. — « Je suis fort comme un loup de six mois. » RICARD, *Le tapageur*, 1841, I, 170.

« *Tu es gentil comme un petit loup de sept ans*, se dit ironiquement à un enfant. » Clerval (Doubs), r. p. — « Timide comme un loup de sept ans = *se dit ironiquement*. » « *Sek betern as en jung Wulf* = s'améliorer comme un jeune loup. » Goettingue, SCHAMBACH. « Tu es vilain, tu ressembles plutôt à un loup qu'à une perdrix. » Ineuil (Cher), r. p.

192. — « Il fait un froid de loup. » locution connue.

193. — « *Ou caou é ou frèy' ou lou nou s'ou mangia* = le chaud et le froid le loup ne les mange pas ; quand le froid ou le chaud n'arrivent pas dans leur saison, ils arrivent après. » Menton, *Rev. d. trad. pop.*, 1889, p. 281. — « Le loup ne mange pas l'hiver. » Prov. franç. très répandu. — « Lovo no magna stagion. » Venise, PASQUALIGO. — Cf. VOIGT, p. 161.

« *El lovo no magna mai termini* = le loup ne mange jamais les limites, prov. juridique, pour dire qu'il faut absolument retrouver les traces des limites des propriétés terriennes. » Venise, PASQUALIGO.

194. — « *Lo loup eu mingé lè brôbe* = le loup a mangé la boue ;

se dit lorsqu'un temps humide et boueux est brusquement suivi d'une gelée.» Pays messin, r. p. — A Paris le loup est remplacé, dans cette locut., par le chien. »

195. — « *Garder la lune des loups* = prendre un soin inutile. » RABELAIS. — « Garder la lune d'estre mangée des loups. » G. DE REBOUL, *Anti-Huguenot*, 1627, p. 37. — « Berger, vous devez vous ennuyer de veiller seul toute la nuit pour empêcher les loups de manger la lune. » MÉLANDRI, *La Gouvernante*, 1888. — « Garder une femme et la lune des loups c'est tout un! » DU LORENS, *Satyres*, 1646, p. 12. — « Dieu gardera la lune des loups. » J.-P. CAMUS, *Esclairciss. de Meliton*, 1635, p. 263. — « Dieu garde la lune des loups. » FOURNIER, *Var. hist. et litt.*, IV, 252. — « La lune cren pas li loup. » Provence, J. BRUNET, *Bachiquello*, s. d., p. 9.

196. — «*Nou y a yamey abut qu'ue mayraste dé boune, lou loup qué sé l'abè minyade* = il n'y a jamais eu qu'une marâtre de bonne, le loup l'a mangée, c.-à-d. (il n'y a plus de bonne marâtre). B.-Py., LARROQUE, *Arrépoués*, 1897. [Même proverbe en Bretagne, selon DAGNET et en Savoie, selon CONSTANTIN.]

197. — « Quum lupus addiscit psalmos desiderat agnos. » lat. du moy. â., *Altdeutsche Blatter*, 1836, p. 11.

« Quando Pater Noster addiscere lupus volebat quidquid dicebat semper Lamp, Lamp (= *agneau en allemand*) referebat. » DIEF., p. 340.

198. — « Qu noun voudra semblar lou loup, de sa péou noun si vieste. » Provence, XVIIe s., *Bugado prov.* — « Qui bol pas semblà lé loup cal pas qué s'én mété la pél. » Aude, c. p. M. P. CALMET. — « Il ne faut point prendre la peau du loup qui ne le veut fourrer. » LE BON, 1557. —

« La laine des brebis couvre quelquefois des loups. » XVIe s., *Hist. macar. de Merl. Cocc.*, éd. Jacob, p. 171.

199. — « Il ne faut pas de la main agacer les dents au loup. » GIRON, *La béate*, 1884, p. 138.

200. — « D'un loup n'allons chercher les plumes. » XVIe s., BAÏF, éd. Blanch., II, 219.

201. — « *Si par trop boire, au lendemain, Vous branslez teste, pied ou main, Prenez bien tost sans contredist Du poil du loup qui vous mordit* = si vous êtes malade pour avoir trop bu la veille, guérissez vous en recommençant à boire. » BUCHLERUS, 1639.

202. — « Entre ca e loup, à la fin del jour. » anc. provenç., RAYN.

« Je crains l'entre chien et loup quand on ne cause point. » XVIIe s., Mme DE SÉVIGNÉ.

« Méfie-toi de ces individus qui portent de grosses épaulettes sur un habit à la française, et un chapeau rond sur des ailes de pigeon. Il n'y a rien à faire avec cés animaux moitié chien, moitié loup. » Sir P. ROBERT, *Confessions de Pied de fer*, 1845, t. I, p. 91.

203. — « Ès avents, les loups van à cha cents. » Env. de Gap. *Soc. d'Etudes d. Hautes-Alpes*, 1884, p. 370.

204. — « A Noël vaut mieux un loup dans les champs qu'un laboureur. » *Armanac wallon*, 1904, p. 27.

« Quand le soleil luit pendant la messe à la Chandeleur, le loup approfondit sa fosse pour six mois. » Templeuve (Nord), BONNIER. — « Pèr la Candeloue, lou loup souerte doou traou; fa tres saout; se li lipo la patto e s'entourno aou fougaou, sera marrido quaranteno; mai se s'en va, tires pas peno. » Bouches-du-Rh., *Armana marsih.*, 1889,

p. 41. — « Can fai soulelh per Nostro-Damo-Chandelheiro, Lou loub de cranta jours ne quita sa taniciro. » Limousin, *Annada limous.*, *Annuari*, 1895. — « Per lou dous febriè Lou loup sourtis de son terriè. » Cette, *Arman. cetori*, 1897. « Vaou mai un loup dins un troupèl, Qu'un mes de febriè trop bèl. » IDEM.

« Tailler la vigne en chemise, Plutôt voir un loup blanc en guise. » env. de Paris, BROUSSONNET, *La vie rurale*, 1788,

205. — « On appelle *l up de Saint-Jean* un brouillard paraissant vers la Saint-Jean qui est nuisible aux fruits de la terre. » B.-Pyr., LESPY.

« *Le temps au loup* c'est le brouillard favorable aux déprédations de cet animal. » Ineuil (Cher), r. p.

206. — « On appelle *loups de neige* des amas de neige poussés par le vent dans les fossés, les sillons. Ces loups de neige en appellent d'autres. » Allier, *Rev. d. tr. pop.*, 1903, p. 478.

207. — « *Gober le loup* = recevoir un coup de soleil. » Genève, BLAVIGNAC, *L'Empró*.

208. — « *Era borda del loup* = la grange du loup c.-à-d. l'espace, le plein air. » Arrens (Htes-Py.), c. p. M. M. CAMÉLAT.

209. — « Le clair de lune est appelé *le soleil des loups*. » DEULIN, *Contes d'un buveur*. — « *Li solo des leûs* = la lune », Ardennes luxemb., c. p. M. J. FELLER. — *á Linterno de loups* = la lune. » Gard, c. par M. P. FESQUET.

210. — « *Le loup a avalé le soleil* = le soleil a disparu derrière un nuage. » Luzy (Nièvre), r. p.

« Lorsqu'un nuage dérobe la lune à la vue, on dit que les loups l'ont mangée pour faire leurs déprédations. » Loire, NOELAS, *Légendes forés.*, p. 270.

« Quand le soleil disparaît derrière les nuages, on dit que

le loup l'a avalé ou qu'il est dans le derrière du loup. » Lorient (Morbih.), r. p.

« *Et loup déra néou* = le loup de la neige, le vent du midi qui fait disparaître la neige. » H.-Pyr., c. p. M. P. TARISSAN.

« *Essiro coumo lou pàyré del loup* = il fait une tempête de neige comme (si c'était) le père du loup. » Aveyron, MISTRAL.

211. — « A un enfant qui dit : *Dj'é freu !* = J'ai froid, on répond : *Mousse o cou do leu.* = Cache-toi dans le derrière du loup. » Laroche (Belg.), MONSEUR, *Folkl. wall.*, p.. 14.

212. — « Il fait noir comme chez le loup. » Deux-Sèvres, SOUCHÉ, *Prov.* — « Bruma néra couma et loup = nuage noir comme le loup, brume épaisse. » Arrens (Hautes-Pyr.), c. p. M. M. CAMÉLAT. — « Fasio sourn (*obscur*) coumo dins la gouarjo doou loup. » Mens (Isère), *Armagna dooufinén*, 1886, p. 70. — « Escur coumo uno gorjo de loup. » Ariège, *Alman. pat. de l'Ar.*, 1898, p. 47. — « Fosch (*obscur*) com una gola de llop. » Pyr.-Orient., *Soc. agr. d. Pyr.-Or.*, 1884, p. 340. — « Téms négré coumé la gula del loup. » Provence, *Rev. d. l. rom.*, 1884, p. 35. — « On n'y voit pas plus que le loup à son cul = *il fait une profonde obscurité.* » Pays gaumet (Semois), c. p. M. J. FELLER. — « *Vucca di lupu* = soirée de tempête et d'obscurité. » Sicile, SALOMONE-MARINO, *Leggende sic.*, 1880, p. 68. — « On dit du mois de février : *Fevray, caca-nay, gordze de lëü, cavoua d'oô* = février, chie-neige, *gorge de loup*, queue d'or. » Val de Bagnes (Suisse), *Arch. suisses d. tr. p.*, 1898, p. 241.

« Nous vons (*allons*) censément demeurer à tâtons comme des loups de poivre = *c.-à-d. dans l'obscurité.* » Lyon, *La Marionnette*, journal, 1867, n° 29, p. 1.

213. — Une petite fenêtre en haut des combles d'une maison ou donnant sur un escalier, est appelée :

gorjo dé loup ([1]), f., provençal, PELLAS, 1723.
loup, m., *loubé*, m., cévenol, D'HOMBRES.
loubiè, m., Poitiers, E. ERNAULT dans *Soc. de ling.*, XII (1903), p. 438. (Cf. *Rev. celt.*, XXVII, 241, 242.)
lovier, m., *lover*, m., anc. fr., GOD.
luppar de plomb, m., fr. du XIVe s., RICHARD, *Arch. civ. du Pas-de-Cal.*, 1878
leûvré, m. (petite lucarne en plomb sur le toit), wallon, c. p. M. J. FELLER.
loubétt, m., toulousain, VISNER.
louviè, m., Char.-Inf., JÔNAIN.

214. — « *Gueule de loup* = ouverture du milieu d'une croisée d'une porte cochère, dont un battant est fouillé en creux sur l'épaisseur pour recevoir l'autre. » Terme de menuiserie, MORISOT, 1814.

215. — « *Gueule de loup* = c'est le nom d'un coude de tuyau qui se place sur le haut d'une cheminée et qui est monté sur un pivot, pour qu'en tournant, son orifice soit toujours opposé au vent afin de faciliter la sortie de la fumée. » Terme de poelerie, MORISOT, 1814. — « *Tête de loup sur une cheminée* = terme de fumiste. » *La famille du fumiste*, comédie, 1840. — « *Tu souderas cela en gueule de loup* = terme de forgeron. » POULOT, *Le sublime*, 1872, p. 178.

216. — « *Lova* = machine de guerre ». lat. d'Italie, DU C. « *Lop*, m. = espèce de bombarde. » XVe s., HARDY, *Arch. de Périgueux*, 1894, p. 100.

([1]) Cette espèce de lucarne est ainsi appelée parce que ordinairement ceux qui y regardent par le dehors ne voient à l'intérieur que l'obscurité.

217. — « *Louve* = machine de fer qu'on engage dans le lit supérieur d'une pierre qu'on veut enlever pour la mettre à la place qui lui est destinée : elle est composée de trois pièces, dont celle du milieu retient le nom de *louve*, et les deux autres se nomment *louveteaux*. Cette machine n'est presque plus en usage. — *Louveur*. C'est l'ouvrier qui est employé à faire, dans les pierres, les trous pour placer la louve et l'y ajuster. On dit *louver une pierre*. » MORISOT, 1814.

218. — « *Louve*, f. = instrument en fer pour élever les pierres de taille ; *louver* = faire un trou dans la pierre qu'on veut élever ; *louveur* = celui qui fait ce trou. » SAVARY, 1759.

219. — « *Loupe* = c'est le nom de la masse de fer fondu après qu'il a subi une première épuration par le feu et la forge, et avant sa division en barres. » Terme de serrurerie, MORISOT, 1814. — « *Loup* = agglomération de matières qui engorgent le creuset d'un haut-fourneau. » Centre, JAUBERT.

220. — « *Loupe* ou *Royaume* = c'est une caisse en bois d'environ quinze pouces carrés sur dix-huit pouces de haut, avec un dessus dans lequel est une ouverture pour passer la main ; elle sert aux peintres de décor et aux doreurs, à s'asseoir ou à s'élever. » MORISOT, 1814.

221. — « *Dent de loup* = 1° un clou fait en forme de coin de 4 à 5°, dont on se sert pour arrêter le pied des chevrons ou autres pièces de bois sans tenons ; c'est aussi le nom d'une espèce de clavette simple qui est courbée sur le champ ; 2° une tringle de fer rond, pointue d'un bout, recourbée et à scellement ou à patte de l'autre, servant à supporter des ustensiles de cuisine. » Termes de serrurerie, MORISOT, 1814.

222. — « *Dent de loup* = outil dont se servent les doreurs pour brunir. » MORISOT, 1814.

223. — « *Leu*, m. = charrue sans avant-train; *louvèsse*, f. = charrue tourne-oreille. » Saint-Pol P.-de-C.), c. p. M. Ed. EDMONT.

224. — *Saut de loup* = large fossé qui sert à défendre une propriété, un parc.

225. — « *Lovier* = piège à prendre les loups. » anc. fr., GOD. — « *Allouvière*, f. = même sens. » anc. champenois, TARBÉ, II, 277. — « *Grippe-loup* = même sens. » français.

226. — « *Loup*, m., espèce de filet de pêche. » Nantes et environs, *Dict. de l'encyclop.*, 1751. — « *Louve*, f. = même sens. » Bretagne, FORTIN *Ruses p. prendre les oiseaux*, 1688, p. 350. [FORTIN donne la description de ce filet.]

227. — « *Lupus* = vela nigra, terme de marine. » l. du m. â., DU C.

228. — « Quinque cloerias corii ad ponendum ferra et clavos pro equis ferrandis, cum duobus forulis ad cooperiendum bassignetos, precio duorum gross., et unam *louvetam* corii, aliter *gibbes*, taxatam precio dimidii grossi. » texte latin de Langres, au XVIe s., *Bull. hist. du comité*, 1847, p. 349. — « Deux aighières à loupins. » Valenciennes, doc. de 1466, GOD., V, 40.

229. — « *Luppa* = espèce d'étoffe. » latin du moy. âge, DU C.

230. — « *Louvette*, f. = panetière de berger en peau de loup. » anc. fr., GOD. — « *Louvière*, f. = vêtement en peau de loup. » anc. fr., GOD.; VICTOR, 1609.

« Les jeunes gens croient encore aux ingénues à tabliers à dents de loup. » *Figaro* du 14 janv. 1861. — « *Dent de loup* = espèce de dentelle au crochet. » Paris, r. p.

231. — « *Loupes*, f. pl. = petites lunettes avec lesquelles on voit les plus petites choses. » MÉNAGE, 1750.

232. — « *Loubato*, f. = petite meule de foin ; *aloubatà* = mettre le foin en petites meules. » Bagnères-de-Bigorre, c. p. M. P. TARISSAN. — « *Loubartoun*, m. = petite meule de foin ; *loubartouà*, *aloubartouà* = mettre le foin en petites meules. » Luchon (H.-Gar.), c. p. M. B. SARRIEU.

233. — « *Lopinelle* ou *lupinelle*, f. = sorte d'instrument de musique. » anc. fr., GOD.

234. — « *Louvière*, f. = pudendum muliebre. » anc. fr., GOD.

235. — Une prostituée ou une entremetteuse est appelée :

lupa, latin.
lupea, *lupinaria*, lat. du VIIIe s., HESSELS.
lupana ([1]), *lupanaria*, lat. du m. â., DU C.
lupanatrix, *lupa diabolaria*, l. du m. â., DIEF.
lèy'va, f., Bas-Valais, GILLIÉRON.

« Vilaine louve diffamée, Reste des goujats de l'armée. » BERTHAUT, *Paris en vers burl.*, 1660, p. 69. — « *Vieille louve* = injure à une femme. » ID., p. 70. — « Une lopinaille gaillarde. » anc. fr., GOD. — « *Louve*, *chienne* = injures à une femme. » MOLIÈRE. — « *Lovèsse*, f. = coureuse, salope. » wallon, c. p. M. J. FELLER.

Une maison de prostitution est appelée :

lupanar, latin.
lupal, lat. du moy. âge, DU C. ; HILDEBRAND, *Gloss. lat.*, 1854.
lupanal, m., français, *Singeries des femmes*, 1623, p. 9.

([1]) Sur les mots latins *lupana*, *lupanar*, voyez *Arch. f. lat. Lexicogr.*, 1900, p. 271.

236. — « Nous sommes là à *ficher les loups* (*faire les l.*) en attendant... = *nous sommes là à ne rien faire en attendant.* » Perche, *Diseur de vérités*, 1840, p. 61.

« *Louper* = faire le paresseux, flâner, s'ivrogner. » anc. fr., GOD. ; franç. mod., DUPEUTY, *Balochard*, vaudev., 1839; etc., etc. — « Il passe plus de temps à louper qu'à travailler. » ALBERT, *Armée d'Orient*, drame, 1854. — « J'ai loupé sur un banc, à fumer des cigarettes. » *La Gaudriole*, 1893, p. 301. — « *Louper* = dormir. » argot des marins, BOYER-REBIAB, *24 heures de bordée*, 1905, *passim*. — « *Tirer une loupe* = tirer une bordée, faire une noce, quitter le travail pour s'amuser. » argot, FLÉVY d'URVILLE, *Ordures de Paris*, 1874, p. 295. — « *Lubiner* = niaiser. » OUDIN, 1660. — « *Galoupinéjà* = libertiner. » Vaucluse, *Vocab. prov.*, 1883. — « *La loupe l'a mordu* = il n'a aucune envie de travailler. » POULOT, *Le sublime*, 1872, p. 68. — « *Il a une loupe dans la main* = même sens. » André THOMAS, *Ouvriers de Paris*, 1849. « *Un loup* = un homme gourmand et ivrogne. » Marne, HEUILL. — « *Un loupeur* = un flâneur, un paresseux, un bambocheur. » DUPEUTY, *Balochard*, vaud., 1839; BAYARD, *Chiffonniers*, com., 1847; LEBRETON, *La frangine*, com., 1899. — « *Loupeur* = celui qui dans la salle des ventes, regarde et n'achète pas, qui y va pour se reposer et se chauffer. » *La Grande Ville*, 1843, II, 281. — « *Gueux de lubie* = vagabond, vaurien. » *Testament de Ragot*, s. d. (vers 1520). — « *Le Camp de la Loupe* = cabaret de bas étage près l'ancienne barrière des Trois-Couronnes. » André THOMAS, *Ouvriers de Paris*, 1849.

« *A paou di loup* = il a peur du loup, se dit de celui qui ne montre aucune bonne volonté pour le travail, qui le quitte avant les autres. » Provence, c. p. M. M. RÉGUIS.

237. — « *Faire un loup* = détourner quelque chose au préjudice de ses parents. Dans un conte une fille s'accuse auprès de son confesseur qui en est tout suffoqué *d'avoir fait un loup.* » Savoie, CONSTANTIN, *Littér. orale de la Savoie*, p. 29. — « *Fày dé loup* = faire le loup, voler par petits lots, chiper. » Gard, c. p. M. M. REGUIS. — *Retirà dé loup* = recéler les produits d'un vol. » Gars, c. p. M. M. RÉGUIS. — *An d'oubligacioun éy loup* = ils ont des obligations au loup, se dit des voleurs et des recéleurs qui prospèrent. » Gard, c. p. M. M. RÉGUIS. — « *Une loupe* = un mensonge. » argot des peigneurs de chanvre du Jura, TOUBIN.

238. — « *Un loup* = un créancier, » argot, Eugène SUE, *Mystères de Paris.* — « *Faire un loup* = une dette. » argot des typographes, BOUTMY, *Dict. de l'argot des typogr.*, 1883. « *Louper* = faire des dettes. » argot, NOTER, 1901. — « *Louvetier* = homme endetté. » argot des typ., BOUTMY, *Dict. de l'arg. d. typ.*, 1883. — « *Au loup! au loup!* crie-t-on dans un atelier, quand un créancier vient réclamer son dû. » IDEM, *id.*

239. — « *Louper* = mal réussir une chose, se tromper, faire un impair. » Paris, r. p. — « *Faire un loup* = faire une sottise, une gaffe, une bévue. » Pas-de-Calais, c. p. M. ED. EDMONT ; Marne, c. p. M. E. MAUSSENET.

« *Louppe* = défaut ou irrégularité dans une pierre précieuse. » anc. fr., DOUET D'ARCQ, *Pièces relatives au règne de Charles VI*, 1864, II, 288. Cf. LABORDE, *Emaux*, 1853, II, 309. — Le mot *loupe* est encore usité dans le même sens, de nos jours, chez les orfèvres.

« *Loup* = bévue d'imprimerie qui exige un nouveau tirage. » argot, NOTER, 1901. — « *Louter* ou *faire un loup* = tuer une pièce, la rendre impropre pour sa destination. » argot, POULOT, *Le Sublime,* 1872, p. 47. — « *Un loup* = une chute dangereuse. » argot, NOTER, 1901.

240. — « *Loup* = douanier. » Jura, Ch. BOURGET, *La Pivoine,* 1893, passim.

241. — « Le compagnon tailleur de pierres est appelé *un chien,* le gavot *un loup.* » André THOMAS, *Ouvriers de Paris,* 1849.

242. — « *L'étapier du loup* = l'exécuteur, le bourreau. » Au moy. âge dans les Vosges, GRAVIER, *Hist. de Saint-Dié,* 1836, p. 219.

243. — « On appelle, en argot des coulisses *loup* l'instant où la scène est vide. » Anaïs SEGALAS, *La vie de feu.* — « On appelle *loup,* au théâtre, une scène manquée. » Lor. LARCHEY, *Dict. d'argot.* (cf. *ours* pièce de th. qui ne réussit pas.)

244. — « *Ecourter un loup,* se dit d'un serviteur qui sort de chez son maître avant le temps convenu. » Vendée, *Rev. du Traditionn.,* 1906, p. 236.

245. — « *Grand lofiat* = grand garçon, avec une nuance de mépris. » A. RICARD, *Le viveur,* 1839, II, 247. — « *Loupiot* ou *louba* = enfant. » G. MACÉ, *Mes lundis en prison,* 1889, p. 249 — « *Elle vient d'avoir un loupiot* = elle vient d'accoucher. » MÉTENIER, *Le loupiot,* 1897. — « *Loufiat* = garçon de café ou de marchand de vin. » argot, MÉTENIER, *La Casserole,* drame, 1889. — « *Galoupe,* m. = garçon, domestique au service des saltimbanques. » ESQUIER, *Roulebosse le saltimbanque,* 1900, p. 10. [C'est le mot *loup* avec le préfixe péjoratif *ga.*] — « *Galopin,* (1)

(1) « Les dames de Paris aiment les airs *galopins* et elles s'habillent déjà un peu à la galopine ou à la gourgandine, c'est tout un. » DE B***, *Arlequin défenseur de beau sexe,* comédie, 1649.

galopiau = enfant, avec une nuance péjorative, gamin. » français. — « *Galopin de cuisine* = enfant qui aide le cuisinier. » document de 1399, Du C., III, 469. — *Galóbi* ou *galbió* = polisson, gamin. » Centré, JAUBERT.

246. — « *Mon gros loup* = terme de caresse adressé à une femme. » A. FREMY, *Les maîtresses parisiennes*, 1858, I, 18. — « *Ma louve* = terme de caresse d'un homme à une femme. » argot, G. MACÉ, *Mes lundis en prison*, 1889, p. 374. — « *Cher petit loup* = terme de caresse d'un homme à une femme. » MARC MICHEL, *Extases de Hochen.*, com., 1850. — « *Ma loute* = terme de caresse d'un homme à une femme. » P. MANGIN, *Mauvaise connaiss.*, opér., 1877. — « *Mon gros loulou* ou *mon loulou* = termes de caresse. — « *Louloute* = terme de car. à une femme. » CORMON, *Queue de la comète*, com., 1853; *Le Charivari* du 27 août 1880; etc., etc. — « *Mē lout, mē louteq* = terme de tendresse d'une mère à son enfant. » breton du Haut-Tréguier, c. p. M. E. ERNAULT.

247. — « *Faire la loupe, faire la loufe, faire chere louvine* = montrer une figure mécontente, grimaçante. » anc. fr., GOD. — « *Faire la tête de loup à quelqu'un* = lui faire mauvaise mine. » Nièvre, r. p. — « *Faire la loupe* = faire la moue. » Pas-de-C., c. p. M. ED. EDMONT. — « *Raviser quelqu'un comme un loup* = le regarder de travers avec un air méchant. » Pas-de-Calais, c. p. M. B. de KERHERVÉ.

« *Une loupe* = une grimace. » anc. fr., EUST. DESCHAMPS, VIII, 176; SCHELER, *Poés. de Gillon*, 1884, p. 87; FRANÇ. MICHEL, *Etudes s. l'argot*; Valenciennes, HÉCART. — « *Un voile-loup* = espèce de voile qui masque un peu le visage des femmes. » *Paris la nuit*, journal, 1891, p. 549. — « *Une louvyere* = un masque. » anc. fr., GOD. — « *Un loup* = masque que les dames et filles de condition portaient au XVIIe s. sur le visage. » MÉNAGE, 1750.

248. — « *Lupus* = cancer aux jambes. » l. du m. â., document de 963, Du C. — « *Lupia* ou *lupus* = ulcère qui ronge. » l. du m. â., CANAPPE, *Le guidon en françois*, 1538, feuillet 74, recto. — « *Loups, leus* = ulcères aux jambes. » anc. fr., GOD. — « *Lupins* = *neux qui viennent aux paupières et autres parties du corps.* » anc. fr., doc. de 1495, GOD. — « *Loupe* ou *lupie* = espèce de tumeur. » GUYON, *Miroir de beauté*, 1625, II, 226. — « *Leuwe*, = ulcère à la jambe. » anc. wallon, JEAN D'OUTREMEUSE, éd. Borgnet, 1 v., 125. — « *Leu* = ulcère à la jambe ; plaie ulcéreuse à la queue des vaches. » P. de C., c. p. M. ED. EDMONT. « *Louphie* = f., mal de gorge ou de col. » BERNIÈRES, *Etymologie*, 1644, p. 41. — « *Loup* = espèce de verrue de l'homme. » MARTIN, *Eschole de Salerne en vers burl.*, 1657, p. 26. — « *Loupio* = loupe, excroissance. » langued., SAUV., 1785. — « *Lupi*, f. = loupe, tumeur enkystée. » provenç. ACHARD, 1785. — « *Loubétt*, m. = tumeur, charbon des hommes et des animaux. » B. Pyr., LESPY. — « *Maou loubet* = chancre aux jambes. » langued., SAUV., 1785. — « *Maou dé loubétt* ou *maou loubétt* = charbon ou anthrax. » Hautes-Pyr., c. p. M. M. CAMÉLAT. — « *Loupp*, m., germe d'un abcès ; on dit *y é 'ncaro ' t loupp.* » Luchon (H.-G.), c. p. M. B. SARRIEU. — « *Louppe d'un chesne* = excroissance d'un chêne. » GUY DE LA BROSSE, 1628, p. 81.

« On appelle *jambes louventines* des jambes ulcéreuses. » XVIe s., *Œuvres de* BRANTOME, édit. LALANNE, 1881, X, p. 296.

Il avoit une jambe plus grosse à raison d'*un loup* qu'il avoit si bien apprivoisé qu'il le portoit d'ordinaire dans son bas de chausse. » *Le magot genevois*, 1613, p. 43. —

« Qui a un loup en la jambe a une braye de Lyon. » LE BON, 1557. — « *Commettre l'office au loup* = quand un officier a un loup en la jambe il luy faut bien du mouton à la grande laine pour luy appaiser sa rage, ce n'est pas ouvrage de Paris, c'est ouvrage de Reins. » LE BON, 1557. — « Il faut toujours y mettre quelque chose comme au loup de la jambe de Marbandus. » DESLAURIERS, *Prologues sérieux*, 1610, f[ts] 61, v°. — « Je prie à Dieu que les maulx loups te puisse le gosier ronger. » XVIe s., MABILLE, *Choix de farces*, 1873, II, 174. [*Rem.* quand il s'agit d'êtres surnaturels au pluriel, il faut employer le singulier.] — « Que le mau-lubec vous trousse !. » juron, RABELAIS, 1533.— « Lou mauloubec le vire ! » *La Contrelesine*, 1618, f[ts] 88, v°. — « Que les loups puissent me manger les jambes, si... » DUPUY, *Satyre Ménippée*, 1677,

249. — « *Gueule de loup* = division génitale de la lèvre, compliquée de division de la voûte et du voile du palais. » BRÉMOND, *Préjugés en médecine*, 1892, p. 30.

250. — « *Dent de loup* = espèce de surdent chez le cheval. » DELCAMPE *Art de monter à cheval*, 1664, p. 23.

251. — « On appelle *œil de loup* ou de *mauvais garçon*, l'œil dont les humeurs se noircissent du tout. » GUILLEMEAU, *Tables anatom.*, 1586, p. 99.

252. — On dit d'un enfant qui a de la morve qu'il a *un loulou dans le nez*. — « *Leû* = morve. » Templeuve (Nord), BONNIER ; Belg. wall., c. p. M. J. FELLER. — « *Louks*, m. pl. = paquet de morve dans le nez. » Vendée, c. p. M. Ph. TELOT.

253. — On dit d'un enfant qui a des poux qu'il a *des loups* ou *des loulous* dans les cheveux.

254. — « Por la garde de ses chaels ne prent proie aux contrées qui li sont voisines. » BRUNETTO LATINI, éd. Chab., 247. —

« Ount damoro lou loup ne héy jamés dé maou. — Gascogne, c. p. M. A. PERBOSC.

255. — « Quand il hule il met tosjors son pié devant sa bouche, por monstrer que ce soit de plusors loups.» BRUN-LATINI, éd. Chab., p. 247. — C'est en hiver que les loups hurlent et mettent leur patte dans leur gueule, quand ils crient, pour en faire le tremblement, ce qui fait paroistre quatre loups comme s'il y en avoit douze. » SALNOVE, 1655, p. 137.

256. — Le loup jette de l'eau, fange ou poussière dans les yeux des bestiaux pour les esblouyr. » GRUAU, *Invention pour prendre les loups*. 1613. [Le fait m'a été confirmé par une personne de la Nièvre.]

257. — « Le loup plante ses pas en tournant ses pieds, croisant ses jambes, sautelant ambiguëment de part et d'autre afin de brouiller et confondre les chasseurs. » FUSI, *Mastigophore*, 1609, p. 237. — Quand les loups marchent en nombre et à queue de loup, comme on dict, par un instinct naturel ils marchent dans un pas (1), une campaigne entière, signament en temps de neige. » ROBERT MONTHOIS, *Chasse du loup*, 1642. — « Les loups se suivent à la piste. » GAFFET, 1742.

258. — « Le loup trenche son pied pour yssir du piège. » *Bestiaire d'amours*, s. d. (vers 1500.).

259. — « Les loups de leur nature craignent les pierres et se on frote ensemble deux pierres de caillou le loup pert sa hardiesse. » GOBIN, *Loups ravissans*, 1525, feuillet 77.

(1) Ils marchent dans le pas l'un de l'autre.

260. — « Le pere comme la mere portent à mengier à leurs enfans, fors tant que le lou manje premierement lui mesme son saoul et le remenant porte à ses cheaulx. » XIVe s., Gaston Phebus, p. 164.

« Le loup ne porte rien à ses chéaux qu'il ne soit saoul; et s'il n'est bien saoûl, il oste la prébende aux chéaux et à la louve. S'il voit que celle-ci porte, en cachette, aux louveteaux, il la bat. Ainsi, il est fort gras en ce temps car il mange sa proye, celle des chéaux et celle de la louve.» René François, 1622.

« Quand le loup est saoul il se cache à plat sur terre, se pose la patte dans la gueule pour se provoquer à rendre gorge, soit pour donner à ses petits ou pour vuider sa panse. » Gruau, *Invention pour prendre les loups*, 1613.

261. — « Le loup *boit*, le chien *lappe*... Dans toute portée de loup, il y a un chien; quand les jeunes loups vont boire, la mère louve le reconnaît à sa manière de boire et l'étrangle. » Ille-et-Vil., Nièvre, Cher, r. p.— Cf. *Rev. des lang. rom.*, 1884, p. 38. — « Il y a un chien-loup dans toutes les portées de loups; on le reconnaît parce qu'il boit à la façon du mouton. » Sprimont (Belgique), *Rev. d. trad. pop.*, 1901, p. 110.

« Chaque fois qu'une louve met bas il y a six louveteaux et un chien-loup. » Basse-Bretagne, *Rev. d. trad, pop.*, 1904, p. 420. — « Quand la louve met bas sept louveteaux, le dernier tient plus du chien que du loup; et lorsqu'elle mène boire ses petits pour la première fois, elle s'aperçoit que ce dernier boit en *lappant*; alors elle l'étrangle.» Eure-et-Loir, c. p. M. J. Poquet. — « Quand un loup s'accouple avec une chienne, il naît dans la portée un *chien-loup* ; on le reconnaît à ses instincts batailleurs et cruels. Il faut se hâter de le faire périr, si on le possède, sinon il finirait par étrangler son maître. » Ardennes belges, *Le Chasseur français du 1er avril 1904*.

262. — La louve choisit parmi les loups mâles qui la poursuivent pour la couvrir celui qui est le pire :

« Elle fait aussi
Com la louve sauvage,
Qui des leus d'un boschage
Trait le poieur a li.»

Prov. anc. fr., *Zeitsch. f. roman. Philol.*, 1885, p. 323.

«........ La louve
Cui sa folie tant empire
Qu'el prent des lous trestout le pire. »

Idem.

« Quant li tems de sa luxure vient, plusor male ensuient la louve, mais à la fin elle regarde entre touz et esleist le plus lait qui gise o lit, jà soit ce que toute l'année ne se joignent se douze jours non et n'engendrent pas fils se en mai non, quant li tonoires vient. » BRUN. LATINI, éd. Chab., p. 247. — « On dit, quant aucune femme fet aucun mal, que elle ressemble la louve, pour ce qu'elle se prent au plus let et au plus mescheant. » XIVe s., GASTON PHŒBUS, p. 62.

263. — « Le loup ne veit jamais son pere ny son fils, veu que s'estant accouplé avec la femelle il ressent le bouquin (1) et par l'esmotion des humeurs qui se fait en l'accouplement charnel sa puanteur le rend si insupportable aux

(1) Il a l'odeur de bouc.

autres loups qu'ils le tuent et comme cela l'empesche de voir sa postérité.» ANT. FROMENT, *Essais*, Grenoble, 1633. — « Il avient que quant la louve en a mené (*a emmené*) celuy que elle vuelt plus, et les autres lous s'esveillent, ils se mettent tantost ès routes de la louve et s'ilz truevent que le lou et la louve si tienhent ensemble, trestous les autres corrent sus au loup et le tuent et, pour ce dit-on que lou ne vit jamais son pere. » XIVe s., GASTON PHŒBUS, p. 64. — « La jalousie des loups est extrême ; si par hasard un loup, après avoir couplé une louve, est rencontré seul par plusieurs autres loups en chaleur, ceux-ci se jettent sur lui et le mettent en pièces.» GAFFET, 1742, p. 245.

264. — « *Lupa nisi mortua matre non parit aut gignit* = Tant que la mere lovesse vit Sa fille jamais loup ne produict.» BOVILLUS, 1531, f^el^ 128, verso. « Aucunes gens disent que la louve ne porte chiaux tant comme sa mere est vive. » XIVe s., GASTON PHŒBUS, p. 66. — « Les jeunes louves ne portent point pendant que leur mere porte et conçoit. » GRUAU, *Invention pour prendre les loups*, 1613. — « Les meres louves entrent les premieres en chaleurs, et, y estant tous les petits masles et femelles attirez et prins et transportés de cette odeur venerienne, suivent la mere, quelque part qu'elle aille, sans boire ni manger et s'accoupler, tellement qu'ils sont las et faméliques..... Le temps des chaleurs est de *douze jours* ; Dieu ne permet pas plus, ce qui faict que le nombre des loups est petit. » GRUAU, *Invent. pour prendre les loups*, 1613.

265. — « Le loup vit neuf jours de suite *baillonné* c.-à-d. *sans pouvoir rien manger* ; les neuf jours suivants, il vit *de terre glaise* ; les neuf suivants, *de viande* et les neuf derniers, *de sang*. Quand il vit de sang il ne touche pas à la chair des moutons et alors on trouve au milieu des bois des

brebis emportées par le loup, complètement exsangues mais avec la chair intacte. » Ineuil (Cher), r. p. — « Le loup passe pour vivre neuf jours de chair, neuf jours de terre et pour avoir neuf jours les dents sarraillées (*fermées comme d'une serrure*). » Char.-Inf., Jônain. — « Si dient li pastor que il vit aucune fois de proie, aucune fois de terre et aucune fois de vent. » Brun. Latini, éd. Chab., p. 247. « — « Le loup n'a pas toujours la gueule ouverte ce qui fait qu'il y a des moments où il ne peut dévorer les moutons. De quelqu'un peu communicatif, on dit : *il est comme le loup, il n'a pas toujours la gueule ouverte.* » Deux-Sèvres, Souché, *Prov.* — « Quand les loups ouvrent la bouche au vent du nord, elle reste immobile et ouverte pendant quarante jours, sans qu'ils puissent rien manger ; alors ils vont dans les prés sucer la boue pour calmer leur faim. » Kermeur (B.-Bretagne), *Rev. d. trad. pop.*, 1906, p. 312. — Sur le loup vivant alternativement de sang, de chair, d'air et d'eau, voyez : Sébillot, *Folklore*, III, 13-14.

« Si le jour de la Saint-Georges le loup parvient à saisir un mouton, il en prendra un pendant quatorze jours de suite, sans qu'on puisse l'en empêcher. Dans ce cas il ne mange pas leur chair, il ne fait que boire leur sang. » Ineuil (Cher), r. p.

266. — « On dit des gueux qui par hasard font ripaille : *ils sont comme les loups, ils font parfois de bons repas.* » Seine-et-Oise, r. p.

267. — « N'allez pas acheter chez ce marchand, il vend hors de prix. Acheter chez lui *c'est comme si on achetait la viande au loup.* » Ariège, r, p.

268. — « *Le loup chevalier* (voy. plus haut, p. 22) cherche à acculer un cheval à une taupinière, pisse sur la poussière

de cette taupinière et jette cette terre ainsi humectée dans les yeux du cheval, puis profite de son aveuglement momentané pour lui passer à travers les jambes de devant et lui arracher les parties génitales; ensuite il boit son sang. » Vern (Ille-et-Vil.). r. p.

269. — « *Le loup des tailleurs* est un loup qui s'introduit la nuit dans les maisons en faisant un trou dans le chaume du toit et prend trois ou quatre moutons. Il ne sert de rien de chercher à le surprendre. » Lorient (Morb.), r. p.

270. — « *Loup levrier* = espèce de loup féroce. » ROBILLARD, *Arch. de la Seine-Inf.*, I (1864), p. 19.

271. — « Rencontrer le loup est un bon augure. » THIERS, *Tr. des sup.*, 1697, I, 209 ; SAUVÉ, *Folkl. d. Vosges.*

« Rencontre d'un loup fuyant
Signe d'un bon événement. »

Le P. JEAN-MARIE. *Le divertissem. des sages*, 1665, p. 371.

272. — « Celui qui a le pain bénit le jour de Pâques doit une âme à Dieu et une brebis au loup. » — « Si [illegible]t la lessive la semaine sainte, on doit un luminaire [illegible]uré ou une brebis au loup. » Proverbes de la Franche-Comté, PERRON.

273. — « Prononcer *le nom du loup*, c'est l'évoquer : il va vous apparaître, ou bien il viendra bientôt manger vos animaux. — Sur l'usage de ne pas appeler le loup et le renard par leurs vrais noms, voyez : SÉBILLOT, *Folkl.*, III, 21.

« Lupus in sermone. » Prov. lat., PLAUTE, *Stich.*, 4, 1, 17. — « Lupus in fabula. » lat., TÉRENCE, *Adelph.*, 4, 1. 21. — « Si la bergère prononce le mot *loup*, celui-ci ne tardera pas à venir manger ses brebis. » Ineuil (Cher), r. p.

— « Qui nomme le loup, pendant la nuit de Noël, doit s'attendre au déplaisir de le voir apparaître au milieu de son troupeau. » Pays flamands, CORBMANS, *L'Année de l'ancienne Belg.*,. 1844, p. 93. — Qui dou louf parle, pres en a la coue. » 13e s., ULRICH, 1902. — Quand parlés doou loup, lou ténés pér la quoué. » Provence, ACHARD, 1785. — « Quand on parle du loup on en voit les cornes. » Suisse rom., BLAVIGNAC, *L'Empró*, p. 59. — « Tel parle du loup, qu'il le tient par la queue. » *Nouv. Panurge avec sa navigation*, 1615, p. 8. — « Qaou parlo doou loup lou tén pér la co. » Provence, c. p. M. M. RÉGUIS. Jamaï se parlo doou loup que nous se n'en vegue la péou. » Provence, *Rev. d. l. rom.*, 1884, p. 41. — « Qui parle du loup en vouèt la tête et la quoue. » Char.-Inf., r. p. — « Quand qu'on pâle d'ech leu On voèt s' queue. » Saint-Pol (P.-de-C.), c. p. M. Ed. EDMONT. — « N'cy pas loueing lou loup quand lou mentaben = quand on parle de lui. » B.-Pyr., LARROQUE, *Arrépouès*, 1897. — « Coura parlas dou loup, suorté de la tana. » Nice, TOSELLI. — « Quand on parlé dey' leuy', sorté dey beû (étable). » Bas Val., GILL. — « Kan on parlè du loeu li est dèré lo boaisson. » Jujurieux (Ain), *Ann. de la Soc. d'Emulat.*, 1885, p. 85. — « Quand parlon dé loup Ey' darré lou bouy'ssou. » P.-de-D., MISSOUX. — « Qui dal loup parlo, dé la mato sort. » Aude, c. p. M. P. CALMET. — « En parlan d'èt loup, qué sourtech de darrè ère sègue (*la haie*). » Bigorre, *Annuaire de Saint-Pé*, 1890. — « *Le loup est entré dans l'assemblée* = le loup a paru quand on lui parlait de lui. » DU TRIEZ, *Ruses des esprits malins*, 1563, fet 28, r°. — « Quand vous parlez du loup préparez un bâton ; quand vous parlez du chien, ayez dans la main un os à lui donner. » Prov. arabe, ELLIOUS. — [Sur ces proverbes voyez VOIGT, p. 4, en note.]

274. — « Voyant le loup, ne quier sa face. » XVIe s., BAÏF, éd. Blanch. I, 98.

275. — « La natura del lop es que can ve hom enans (*avant*) c'onz lo veya, él li tol lo parlar, et si l'om lo ve enans, l'om li tol la forsa. » anc. provenç., BARTSCH., *Provenz. Lesebuch*, 1855, p. 163.

« Quand le loup voit quelque personne le premier, il lui *hume* l'haleine. » *Dict. de Trév.* 1752. — « Quant il voit ung home premiers que lui, li hom ne puet pas crier, mais se li hom le voit ancois, il depose toute sa fierté et ne puet corre. » BRUN. LATINI, éd. Chab., p. 247.

276. — « Un loup enroué est cause des catarres et de fluxions à tous ceux qui sont à cent pas de luy, lorsqu'il est affamé et qu'il jette en l'air de vapeurs virulentes et malignes de son indigestion, qui s'insinuent dans l'air et l'infectent. » P. J. FABRE, *Traicté de la peste*, 1629, p. 47.

« *Il a vu le loup* = il est enroué. » H.-Pyr., c. p. M. P. TARISSAN. — « *Il a crié au loup* = il est enroué. » OUDIN, 1681. — « Loup fait l'homme rauque. » BERNARD DE GORDON, *Pratique de médecine*, 1495, p. 44.

« *Avès japat au loup* = vous avez crié au loup, vous êtes enrhumé. » Montpellier, MARSAL, *Dins las carrieiras*, 1896, p. 327. — « *Loubado*, f. = aphonie. » Limousin, *Lemouzi*, 1898, p. 115. — « Quando un lobo avista uma pessoa antes de ser por ella visto, essa pessoa perde a falla. » Portugal., CONSIGLIERI-PEDR., *Trad.* — Sur cette rencontre du loup, voyez LIEBRECHT, *Zur Volkskunde*, p. 334.

« *Qu'a bis et loup* = il a vu le loup, se dit de quelqu'un très enroué. Le remède pour cet enrouement est de faire passer dans le gosier la patte du chat. » Bigorre, c. p. M. P. TARISSAN.

Les loups sont souvent *énossés*, c.-à-d. qu'un os leur est resté dans la gorge, ce qui les fait *tousser*. — On dit de quelqu'un très enrhumé *qu'il est enrhumé comme un loup*.

« *T'é lè tèss mër-loup, Te l'èré ch' qu'è lè mo:t* = tu as la toux meurs-loup, tu l'auras jusqu'à la mort, se dit en plaisantant à quelqu'un qui a un gros rhume. » Rémilly (Pays messin), r. p.

277. — « Les *meneurs de loup* ont le pouvoir de se transformer, quand ils le veulent, *en loups*. En ce cas ils ne boivent que le sang des bêtes, sans toucher à la chair. » Ineuil (Cher), r. p. — « Les balles ne peuvent atteindre *le meneur de loups*... Il convoque ses animaux dans un carrefour, leur indique les troupeaux de moutons mal gardés, ceux de ses ennemis..... Si une battue se prépare, il leur apprend par quels défilés ils pourront le mieux s'échapper et il pousse la sollicitude jusqu'à effacer leurs traces sur la neige. » Morvand, BOGROS, p. 120. — « Le *meneur de loups* se fait escorter par une bande de loups ; s'il dit ironiquement à quelqu'un qu'il rencontre : *prends garde de ne pas tomber*, le pauvre diable auquel il s'adresse est bientôt inévitablement dévoré. » Allier, V. TIXIER, *Exercice illégal de la médecine* (dans *Congrès scient. tenu à Moulins*, 1872, p. 340.) — « Les meneurs de loups jouent de la cornemuse dans une clairière et aussitôt les loups s'y assemblent venant de tous les coins de la forêt, alors ils partent en jouant toujours de leur instrument et tous les loups les suivent. » Berry, GINET, *Apaisement*, 1890, p. 212.

« On appelle *sarreux de loups* les meneurs de loups ; quand on cherche les loups, on ne les trouve plus, c'est que les sorciers les ont *serrés.* » Argent (Cher), Jaubert. — *Le loûtier* est une espèce de sorcier ; les loups respectent son troupeau et sa basse-cour. Le loûtier fait des philtres avec le foie des loups qu'on tue. » Centre, Jaub. — Sur les meneurs de loups, voyez encore : Sébillot, *Folkl.*, III, 28-29.

278. — « De brebis comtées mange bien le loup. » H. Estienne, *Précellence* etc. — « *Co se conta le biesce, 'l louf se guzza i denz e le omble* = quand on compte les bêtes (*brebis*), le loup aiguise ses dents et ses ongles. » Venise, Pasqualigo. — « Le loup ne prend jamais par conte. » 16e s., Baïf, éd. Blanch., 1880, I, 44.

279. — « Les faiseurs de philtres amoureux se passionnent à la recherche d'un poil que le loup porte au sommet de sa queue, qui ressent et porte en soy quelque vertu semblable. Mais le loup s'en appercevant, proche des toiles (1), arrache ce poil et le devore. » Fusi, *Mastigophore*, 1609, p. 289. — « A la fin de sa coe a une lame de amors que li lous oste à ses dents quand ils crient (*croient*) estre pris. » Brun. Latini, éd. Chab., p. 247. « Le poil arraché de la queue du loup a la force de faire aimer. » J. Dant, *Mépris des cheveux*, 1621, p. 17.

280. — « A femna trop luxuriosa pren lo coillo destre del lop e mesclat ab oli et ungan soven lo con dedinz. » anc. provenç., P. Meyer (dans *Romania*, 1903, p. 290). — « Arnauld de Villanova dit que si on met le genitoire droit d'un loup sous celuy d'un homme amoureux et paillard, il perdra en peu de temps ce vilain desir. » Ferrand, *La maladie d'amour*, 1623, p. 204.

(1) Au moment d'être pris dans les toiles qu'on lui tend autour d'un bois.

281. — « Pour nouer l'aiguillette, ayez la verge d'un loup nouvellement tué ; et étant approché de la porte de celui que vous voudrez lier, vous l'appellerez par son nom propre et dès qu'il aura répondu, vous lierez ladite verge avec un lacet de fil blanc. Pour se garantir (du nouement de l'aiguillette) il faut porter sur soi l'œil d'une belétte enchâssé dans un anneau. » XVIIe s., J. COUSIN, *Secrets mag.*, 1868, p. 54.

282. — « Pour garantir du cocuage, prenez le bout de la verge d'un loup, le poil de ses yeux, celui qui est à la queue en forme de barbe ; réduisez en poudre, par calcination, et le faites avaler à votre femme, sans qu'elle le sache. Elle restera fidèle. La moelle de l'épine du dos d'un loup aura le même effet. » XVIIe s., J. COUSIN, *Secrets mag.*, 1868, p. 46.

283. — « Il connait tout, il a mangé du foie de loup. » Jura, GROSJ. et BR. ; Saône-et-L., GUILLEMAUT *Topogr. de Louhans*, 1890.

« Les voleurs font taire les chiens de garde en leur donnant à manger du foie de loup. » Fleurus, (Belg.), *Rev. d. tr. p.*, 1903, p. 400.

« Toutes les maladies obéissent au foye du loup prins en médecine. » FUSI, *Mastigophore*, 1609, p. 12.

284. — « Contre l'épilepsie, que le pacient ceigne une couroye de cuyr de loup. » ARNOULT DE VILLENEUVE, *Tresor des poures*, 1530, f[el] 10, v°. — « Contre le *haut mal* (épilepsie), si c'est pour un homme, on prend la tête d'un loup, celle d'une louve si c'est pour une femme ; on la fait bouillir et on obtient un liquide que le malade devra boire pendant neuf jours de suite. » Bourgogne, CLÉMENT-JANIN (dans *Progrès de la Côte-d'Or*, 30 juil-

let 1880). — « *Mal Saint-Leu* = épilepsie. » document de 1739, Du C., IV, 545.

« Contre le *mal caduc* prenez, au défaut de la lune, de la poudre *de foye de loup male*... Contre les maladies de foye, prenez de la poudre *de foye de loup ou d'oye.* » Mme Fouquet, *Suite du recueil des remèdes*, 1701, t. II, p. 136 et p. 211. — « Le *mal Saint-Leu* = l'épilepsie. » anc. fr., doc. de 1379, God.

« Au ve siècle apr. J.-C., Marcellus a donné des recettes médicales analogues où le foie ou d'autres parties de l'animal jouent un rôle. Voy. J. Grimm, *Marcellus Burdigalensis*, 1849, p. 9, 18, 21 et 22.

« On conduit les enfants qui ont des *conclusions* (convulsions) aux différentes chapelles qui sont sous le vocable de Saint-Loup. » Yonne, *Annuaire histor. de l'Yonne*, 1886, p. 33[illegible].

« La peau de loup deliée et seichée comme un ruban de soye est un remède infaillible à ceux qui ont la colique, en se la mettant alentour du corps sur la chemise. Il faut aux hommes celle de la louve, aux femmes celle du loup. » Salnove, 1655, p. 135.

« Contre la colique on use de *poudre de boyau de loup* desséchée et on en boit une dragme avec un peu de vin blanc. Dans le même but plusieurs portent des pourpoints de *peau de loup*, d'autres en font des couvertures de lict et couchent dessous; d'autres en portent une courroie contre la chair; d'autres boivent ses *crottes* desséchées dans du vin blanc; d'autres mettent les os qu'on trouve dans ces crottes dans une noisette qu'ils pendent au col; pour ce faire il faut que la corde où sera attachée ladite noisette soit *de laine d'une brebis recousse de la gueule du loup*; ce remède n'est pas nouveau, car Galien en parle. » GUYON, *Cours de médecine*, 1673, I, 241.

« Le destre pied de devant du loup porte medicine au mal des mamelles et aux boces qui viennent aux pourciaus privés, dessous les maisselles; et aussi le foye de loup séchié et fet poudre est bon au foye de l'homme. » XIVe s., GASTON PHŒBUS, p. 70.

« Le pied droit de devant du loup porte medecine aux mammelles; sa tête attachée aux portes des maisons sert pour faire résister aux charmes et empoisonnements. » *Délices de la campagne*, 1673.

« La peau du front d'un jeune loup est très appréciée comme amulette. » Ardenne belge, *Wallonia*, 1905, p. 46.

285. — « Les grandes dents du loup attachées aux jambes des chevaux font qu'ils ne se lassent pas. » *Délices de la campagne*. (1) — « *Une dent de loup* attachée au cou d'un cheval, le rend infatigable à la course. » Croyance des anciens, SAGLIO, *Dict. des antiqu.*, sub verbo *amuletum*. — « Quand un enfant fait ses dents, on lui donne une *dent de loup*, pendue au col, pour l'avoir en sa main, afin de s'en frotter les gencives. » GUILLEMEAU, *De la grossesse*, 1620, p. 884. « On appelle *din de lô* (dent de loup) un morceau de cristal avec des grelots en argent qu'on met entre les mains des enfants, lors de leur dentition. » Valenciennes, HÉCART. — « Une dent de loup, mise à l'insu de l'enfant dans son vêtement, l'empêche de baver. » Monteil-au-Vicomte (Creuse), r. p. — « *Dent de loup* = hochet d'enfant. » Metz, MÉNAGE, 1750.

(1) THIERS, *Tr. des sup.*, 1697, I, 384, cite la même croyance.

286. — « Porter sur soi une dent de loup ou l'œil droit d'un loup, empêche d'avoir peur. » THIERS, *Tr. des sup.*, 1697, I, 383. — « Sainte-Agathe empêche les hommes et les animaux d'avoir peur du loup, quand on a été en pèlerinage à sa chapelle. » Ineuil (Cher), r. p.

287. — « Saint Loup est invoqué contre les loups. » Béarn, MISTRAL.

288. — « Quand on est poursuivi par les loups, il faut *hurler dans son sabot*, pour les éloigner. » Luzy (Nièvre), r. p.

289. — « Pour préserver du loup le troupeau, il faut dire la prière suivante : *Loub ou loubo, La bestio qué voulétz N'és pas touo ni mio ; Es de la sento Vierjo, qué té druébo la boucho Ei té barré les dents En* (avec) *la clhaou* (clef) *déy boén sén Laurent.* » Corrèze, GORSE, p. 230. — « Tapa minaou, diable te gaae ! laisse la bête, elle n'appartient ni à toi, ni à moi, mais elle appartient à .... » Corrèze, *Tour du monde*, 1899, p. 528.

« Viens, bête à laine, c'est l'agneau d'humilité, je te garde. Va droit, bête grise, à gris grimpeux, va chercher ta proie, loups, louves et louveteaux, tu n'as point à venir à cette viande qui est ici, vade retro Satanas. » *Tour du monde*, 1899, p. 527.

« Pour se garantir du loup, lorsque traversant un bois, la nuit on craint de rencontrer le loup, on dit : « *Saint Jean Serrez li les dents ; Saint Grégoire Serrez li la mâchoire ; Saint Rémo Serrez li les boyaux ; Sainte Gésippe Serrez li les trippes.* » Ardennes, MEYRAC, p. 180. — « Pour enclaver (*enclouer*) le loup, fault dire : *Bestie, laysse de la sainture de Nostre ce que te la gorge sarrade, estan de... ? et gasta come la femme d'un presbtre à dire messe. Las Dans de nostre sainct Jehan le siou dar-*

riere et devant, et que l'as de nostre sainct Peyre le siou davan et darreyre, et que l'as de nostre sainct Martin [le siou] per tout lou chamy et que l'as de nostre sainct Pardoux le siou à toucz lous.... » Cette formule, incomplète et peu facile à comprendre, se trouve dans un livre de raison limousin du XVIe siècle, publié dans *Bull. de la Soc. archéol. de la Corrèze*, 1892, p. 491.

« Loup, louve ou louveton, par le grand Dieu, passe en arrière, passe devant, mais va-t-en ! » Ardennes, A. Meyrac, *Forêt des Ard.*, 1896, p. 183.

« Sainte-Marie, roi du loup, bridez le loup ; Sainte-Agathe, liez lui la patte : Saint-Loup, tordez lui le cou. » La Puysaie (Yonne), *Annuaire hist. de l'Yonne*, 1864, p. 196.

« Pour conjurer le loup on prononce les paroles cabalistiques suivantes : *Coco odès ! coco odès !* » Vignot (Meuse), Varlet.

« Au nom du Père ✝ et du Fils ✝ et du Saint-Esprit ✝ ; loups, je vous conjure, au nom de Dieu tout-puissant, éloignez-vous : Théotikos ✝ cinnomque ✝ libus ✝. » *Echo du monde occulte* du 5 février 1906.

« Sainte-Geneviève [3 janvier] défend les troupeaux, les chiens et les bergers, des attaques du loup. Pour se la rendre favorable, il faut lui promettre un don et réciter, devant son image, la patenôtre du loup : *Sainte-Geneviève, qui avez été sept ans bergère, gardez mon chien du loup ainsi que moi et tout ce qui m'appartient. Bridez le loup et la louve, s'il vous plaît.* » Vosges, Sauvé, *Folkl. d. V.*, p. 15.

« Pour préserver du loup une bête égarée, il faut entrer

dans l'endroit, prendre la fourche, la dresser derrière la porte en disant : *fourche, je te dresse, Gilbert commande que tu t'en ailles par montagnes et par vallées, pour trouver cette bête égarée ou non égarée. Si tu la trouves, que lui feras-tu ? Je lui percerai sa peau, je sucerai son sang, je casserai ses os. Loups, louves et louveteaux, je vous défends de la part du Grand Dieu vivant, de n'avoir aucun pouvoir sur cette bête égarée ou non égarée, sous un tel poil* [ici on dit la couleur de l'animal égaré], *appartenant à* N... [ici le nom du propriétaire], *non plus que le diable n'a de pouvoir sur le prêtre célébrant la sainte messe avec le pain de froment, le cierge bénit et flambant sur l'autel, hoc est enim corpus meum et non plus qu'il n'a de pouvoir sur la belle étoile du ciel.'* » COISY, *Médecine mystérieuse*, 1830, p. 29. — « A Exermont on invoque Saint-Laurent et l'on récite la prière suivante : *Valentin s'en allant parmi les chemins rencontre un loup et lui dit : loup, où vas-tu ? Je vais parmi ces plaines, vallons et forêts, chercher les bêtes égarées. Et si tu en trouves, que leur feras-tu ? Je leur sucerai le sang, leur mangerai la chair, leur croquerai les os. Je te conjure au nom du Dieu vivant, ne leur fais pas plus de mal que la Vierge à son enfant, par Saint Laurent.* » Ardennes, *Rev. d'Ard.*, 1893-94, p. 178.

« Pour mettre son troupeau à l'abri des loups, il faut dire quand vous vous trouvez à un chemin croisé : *Saint-Égaré, qui vas par monts et par vallées, de la part du grand Dieu vivant, je te défends de toucher à la chair ni au sang avant que le grand garde (le soleil) ne soit auprès.* » Ardennes, MEYRAC, p. 179. — « Autre formule : *loup, louve et louvinet, je te conjure de la part du grand Dieu vivant ; tu n'auras point de pouvoir sur moi ni sur mes bêtes, pas plus que le grand diable n'en a sur le prêtre, à l'autel quand il célèbre la messe ; que le bon saint-Georges te ferme la gorge ; que le bon saint-Jean te casse les dents.* » Ard., MEYR., p. 170.

« *Enclavélà lou loup* se dit du sorcier qui par certains sortilèges l'empêche de toucher aux brebis. » Corrèze, *Tour du monde*, 1899. — « *Enclhabà lou loup* = enclaver le loup ; c'est l'empêcher de fondre sur les brebis la nuit. Pour cela il suffit, quand on le voit, de mettre un sou sous un seau. » Corrèze, GORSE, p. 274.

« Si l'on dit un *Pater* à rebours le loup ne peut s'emparer d'un seul mouton. » Corrèze, GORSE.

« Un bâton fourchu, planté dans un champ, garantit le bétail de la dent du loup. » Basse-Bret., VERUSMOR, *Voy. en B. Br.*, p. 342. — Quand on a tué un loup, pour être préservé des autres, il faut le manger, puis en éparpiller les os et la peau dans les endroits les plus hantés par eux. » Gard, B. BONNET, *Vie d'enfant*, 1894, p. 473. — Sur les moyens superstitieux employés pour éloigner le loup du troupeau, voyez encore : SÉBILLOT, *Folkl.* III, 30-35.

290. — « Pour tuer un loup, il faut mettre dans la crosse du fusil de la cire du cierge pascal, sans cela le coup ne partirait pas. » Jura, *Mém. de la soc. des antiqu.*, 1823, p. 398.

291. — « On dit que la dent du loup vivant est maléfique, qu'elle corrompt tout incontinent la viande qu'elle touche. » *L'Ombre de Necrophore*, 1622, p. 120.

292. — « On appelle *lovène* une maladie des vaches, espèce d'hydropisie de poitrine due à ce qu'elles ont bu dans un ruisseau que le loup a empestée de son haleine empoisonnée pour y avoir été boire auparavant. » Ardenne

belge, *Rev. d. tr. pop.*, 1903, p. 50. — « *Lovène*, f. = guignon, malheur, ensorcellement, dyssenterie? *Eloviner* = ensorceler, porter malheur. » Belg. wall., c. p. M. J. Feller.

293. — « Il y a entre le loup et la brebis une certaine sympathie. Quand le loup passe la teste au travers du tect, les brebis viennent toutes pour odorer son haleine et le baiser, qui est un moyen de les attirer à luy. » Gruau, *Invention pour prendre les loups*, 1613. — « Le loup caché dans un buisson, à la faveur du vent envoye aux brebis son haleine, lesquelles venant à l'odorer, tendent vers luy et il peut les prendre sans estre descouvert. » Idem, *Idem*. — « La brebis ayant esté portée par le loup et luy eschapant, le loup l'ayant haleinée, elle le suit et court après; il la prend par l'oreille, la touche de sa queue, tellement qu'elle marche docilement. » Idem, *Idem*. — Au moyen âge la panthère passait pour répandre une douce odeur. Voyez L. Hervieux, *Fabulistes latins*, 1884, II, 637.

294. — « Un tambour de peau de loup fait un son hideux et difforme si on le bat avec celuy couvert d'une peau de brebis. » Fusi, *Mastigophore*, 1609, p. 237. « Il est impossible accorder ni mettre à uny-son sur un instrument de musique une corde faicte de boyau de loup avec celle de mouton ou de brebis : un tambour à peau de loup faict casser ceux de mouton près desquels, il est battu et semble leur humer le ton. » Roch le Baillif, *Briefve vie des princes* (cité par le *Bibliophile breton*, Rennes, 1883); cf. *Anthol. des poètes bret. du XVII*[e] *s.*, 1884, p. 76.

295. — Sur les représentations du loup sur les monuments, voir : A. Quiquerez, *Le loup à l'école, chapiteaux historiés de Saint-Ursanne* (dans *Mém. de la Soc. p. la conserv. des*

monum. histor. d'Alsace, 1868, t. VI. — CAHIER et MARTIN, *Mélanges d'archéol.*, 1847, I, 124 (Représentation du loup écolier (1), sculpture du XIe s.) — GRÉSY; *Iconographie de Saint-Loup* (dans *Soc. d'arch. de S.-et-M.*, 1867, p. 65 à 72).

206. — « Que je sois mangé des loups si.....» GUILL. MICHEL, *Recueil de chansons*, 1636, p. 42. — « Je veux que le loup me croque (2) si.....» Loc. connue — « Que le loup me boute si..... » FRET, *Pèlerine percher.*, 1840, p. 98. — « Crève le loup qui ne t'a pas mangé ! » Doubs, TISSOT, *Mœurs*, 1873. — « Que maudit soit le jour où je suis venue au monde ! Qu'une louve ne m'a-t-elle pas avalée toute ronde ! » Jura suisse, *Arch. suisses d. trad. pop.*, 1906, p. 123. — « Maugré-bieu de la louve et de la chienne avec ! » DU LORENS, *Satyres*, 1646, p. 119. — « C'est vrai comme il n'y a qu'un loup ! = c'est faux. » Franche-Comté, PERRON. — « On peut jurer que si on est mangé des loups on ne sera pas pendu. » P. DE LA NOUE, *Synonyma*, 1618.

207. — « Pour éloigner une personne qui reste trop longtemps en visite, on dit mentalement à plusieurs reprises : *Saint-Loup, mangez-le !* » r. p.

208. — « *Des contes de loup* = des récits imaginaires.» XVIe s., BÉROALDE DE VERV. — « *Des histoires au vieux loup* = histoires qui n'ont plus d'intérêt, démodées, hors de propos. » DUEZ, 1678. — « Des discours au vieil loup. »

---

(1) Le conte du loup écolier se trouve dans MARIE DE FRANCE.

(2) Cf. « Je veux que la crique me croque si..... » DUBOIS DE GENNES, *Le troupier à cheval*, 1862, p. 94. — On dit aussi : Que le cric me croque si...

DESLAURIERS, *Prologues sérieux*, 1610, p. 22. — « Des soldats au vieux loup. » ALLARD, 1605, f°s 130 v°. — « Sa longue rapière au vieux loup (1) Terreur de maint et maint filou Luy sert le plus souvent de broche. » SAINT-AMAND, *Œuvres*, 1642, p. 197. — « Une lame au vieux loup. » *L'Arioste travesty*, 1650, p. 40. — « Ce sont des contes à tuer les loups à coups de bonnet ou à coups de chapeau. » Picardie, JOUANCOUX; Boulogne-s-M., HAIGN.

« *Raconter des histoires de loups* = des histoires terrifiantes. » Doubs, BOUCHOT, *Contes fr.-comt.*, 1887.

299. — « Deux fourmis étaient en conversation réglée. *As-tu vu*, disait l'une, *ce bel animal qui a passé sur le gazon, ce matin ?* — *Oui*, disait l'autre, *je l'ai vu et même je sais son nom, c'est un loup.* — *En vérité, le bel animal, comme il a le regard doux et caressant ! Comme il regardait l'herbe où nous sommes cachées, avec des yeux tranquilles !* — *Ce n'est pas tout, quelle reconnaissance n'aurais-tu pas pour ce loup, si tu l'avais vu dans un coin de la forêt attaquant le cruel ennemi de notre existence, cette bête féroce qui mange l'herbe qui nous abrite et qui nous dévore nous-mêmes, le mouton ! oui, le loup nous venge de toutes les atrocités du mouton, c'est lui que Dieu a envoyé pour nous délivrer de cette engeance malfaisante.* » Aug. RICARD, *Le portier, roman de mœurs*, 2e édition, 1829, I, 115.

300. — « Le loup est ton ennemi, dit l'homme au mouton et le mouton d'accourir dans les bras de l'homme qui le dévore. » D'HOUDETOT, *Petite vénerie*, 1855, p. 118.

301. — « Un loup prend et dévore une brebis ; indignation du renard qui le voit. Le renard prend une poule ; indigna-

(1) C.-à-d. *démodée*.

tion du chat. Le chat prend une souris ; indignation de l'araignée. L'araignée prend une mouche... » *L'astrologue de la Beauce*, 1860, p. 188.

302. — « Un loup disoit à certains bergers qui mangeoient un mouton ensemble : *ha ! quel bruit vous meneriez si je faisois ce que vous faictes !* » ALLARD, 1605, f° 306, v°.

« Lupus vidit aliquando corvum super arietem sedentem, graviterque suspirans, talia locutus est : corvus iste beatus est et felici hora natus, quia, ubicumque sedeat, quitquid dicat, quitquid faciat, non est qui ei male loquatur. Michi autem si talis daretur sedes, omnes qui viderent, magnis in me vocibus clamitarent, et quasi ad salutem arietis fugare me properarent. » Fable du moyen âge, L. HERVIEUX, *Fabul. latins.*

303. — « Jadis ensamble buvoient en une eaue courante ung leu et ung agnel, le leu en hault et le aignel en bas. Le lou commence dire contre l'aignel : *tu me trouble mon eaue.* Respond l'aignel : *non feu certes car l'eaue ne monte james de bas en hault.* Dit le leu : *tu me menasses fais, ne sces tu pas comment vallu ton pere contre moy que je tuay pour telle cause il y a six mois passés.* Respond l'aignel : *je n'ay point encoire si longement vescu.* Adonc le leu : *me oses tu respondre, villain*, et ce disant le devora. Ainsi font souvent les plus forts et plus que les mendres et poures sans cause suppeditent. » G. LYON, *Dyalogue*, 1482, réimprimé par DELTEIL. — « Le loup beuvoit à la source du ruisseau, l'agneau n'avoit que ses restes et là dessus le brigand s'en vint le quereller : *Pourquoy, dit-il, me troublez-vous l'eau que je boy ? Je n'ay garde*, dit l'agneau, *de vous troubler l'eau, puisque je n'ay que vos restes ; vous estes à la teste et je suis à la queue, s'il y a du trouble, il faut qu'il vienne de vous.* Le loup se voyant

pris de ce costé là : *N'est-ce pas vous*, dit-il, *galand, qui me dites une injure et qui m'appelastes Loup, il peut y avoir six mois? Hélas* ! dit l'agneau, *je n'ay eu garde, Monsieur, de vous appeler loup ny faire aucune injure, car il n'y a que deux mois que je suis au monde.* — Or, *compagnon, si ce n'est vous, c'est vostre pere*, et, disant cela, luy plante les dents sur l'eschine et en faict curée. » GARASSE, *Doctrine curieuse*, 1624, p. 406. — Cette fable est empruntée à PHÈDRE ; elle a eu de nombreuses imitations au moyen âge. Voy. L. HERVIEUX, *Fabulistes latins*, passim; H. SUCHIER, *Fabeln der Marie de France*, 1898, p. 8 ; A. ROBERT, *Fables inédites*, 1825, I, 57-62 ; VOIGT, p. 200 ; DELBOULLE, *Fables de La Fontaine*, 1881, p. 16. Voyez enfin la fable bien connue de LA FONTAINE.

304. — Un jour, un loup et un âne sciaient un morceau de bois ensemble ; le loup accusait l'âne de lui envoyer la sciure à la figure et se servait de ce prétexte pour le dévorer. — Voyez ce conte dans *Dialogue des créatures*, 1482, 108e dialogue.

305. — « Un curé de campagne avait comparé en chaire la Trinité à une fourche à trois dents. Un capucin qui était là le dénonça à l'évêque comme prêchant d'une façon trop vulgaire. Le prêtre fut réprimandé. Il se douta qu'il avait été dénoncé par le moine et le dimanche suivant il prêcha ainsi, le moine étant encore présent : *Mes frères, la Trinité ressemble à un capucin qui a la barbe comme un bouc, qui est sanglé comme un âne et qui va pieds nus comme un loup ; cela fait trois bêtes en une seule personne.* » r. p.

306. — Un jour, un prêtre tombe dans un puits ; un loup vient à passer auprès ; le prêtre se saisit de sa queue et crie

hau ! le loup ! L'animal effrayé se sauve attirant le prêtre hors du puits. — Voir ce conte dans DUMOULINET, *Facétieux devis*, s. d. (vers 1615), p. 126.

307. — Un jour, un loup aperçoit la lune dans une mare, il la prend pour un fromage et lape toute l'eau pour l'atteindre, si bien qu'il en crève. — Voir ce conte dans MARIE DE FRANCE, fable 49, LA FONTAINE, *Le loup et le renard* (XI, 6), et SÉBILLOT, *Folkl. de France*, I, 27.

308. — Sur le conte du loup faisant alliance avec le chien, à l'insu du maître de celui-ci, voy. *Biblioth. de l'éc. des Chartes*, III, 44.

309. — « Un jour à la fin d'une chasse tous les chasseurs étaient réunis au pied d'un chêne. Un magnifique loup mâle qu'on avait tué, gisait à côté d'eux. *Maintenant*, dit quelqu'un, *il faut, selon l'usage, faire un bouquet avec les roupettes de l'animal et l'attacher à la casquette de l'heureux tireur.* En entendant ces paroles, le loup se releva et s'enfuit, aux yeux des chasseurs stupéfaits. » Pays messin, r. p.

310. — Un jour l'ours invita le loup à venir demeurer dans sa tanière. L'invitation fut acceptée. L'ours chassait, le loup ne faisait rien. L'hiver arriva ; plus rien à manger ; l'ours vivait de sa graisse en se léchant. Le loup se plaignit. *Si tu veux, je te lécherai,* répondit l'ours. Voyez ce conte dans *Dialogue des créatures*, 1482, 108e dialogue.

311. — « Une fois, le Loup et le Renard entrèrent dans une église pour manger du miel. Le Loup en mangea tellement que, lorsqu'il fallut sortir, il ne put pas passer par la chatière. Ce lui dit le Renard : — Voici ce qu'il te faut

faire · pends-toi à la corde de la campane, et tu sonneras. Quelqu'un viendra bien voir ce qui se passe : aussitôt que la porte s'ouvrira, tu t'esquiveras. Quand le campanier entendit sonner, il alla à l'église et ouvrit. Le Loup sauta vivement dehors ; mais la porte se referma trop tôt, et la queue du Loup y resta. Et tous les gens qui virent passer le Loup sans queue, se mirent à lui crier : « A l'écourté ! à l'écourté ! » Ce lui dit le Renard : — Là-bas, il y a des broyeuses [de chanvre]. Je vais crier : « Au loup ! » Elles partiront : alors tu leur voleras une poignée d'étoupes, et je te ferai une queue. Ainsi fut fait. Mais voilà que, lorsque les gens virent passer le Loup avec sa queue d'étoupes, ils se mirent à crier : « Au queue-bourru ! au queue-bourru ! » Ce lui dit le Renard : — Là-bas, il y a des pastoures qui font feu. Je vais crier : « Le loup aux brebis ! » Elles partiront : alors nous irons au feu et je te flamberai la queue. Ainsi fut fait. Mais voilà que, lorsque les gens virent passer le Loup avec sa queue flambée, ils se mirent à crier : « Au queue-roussi ! au queue-roussi ! » Ce dit alors le Loup au Renard : — C'est toi qui est la cause de tout ce qui m'arrive : je veux te manger ! Le Renard s'enfuit. Sur son passage, il trouva un terrier et s'y réfugia. Le Loup, qui lui était au cul, planta sa grosse patte dans le terrier et saisit la petite patte du Renard. — Je te tiens ! lui dit-il. Ce lui dit le Renard : — Tu crois bien tenir ma pattette, mais tu tiens bien une racinette ! Le Loup fut assez bête pour croire qu'il tenait une racine et il retira sa patte, et le Renard s'encoigna au fond du terrier. » Conte languedocien c. p. M. A. Perbosc.

312. — « Trois petites chèvres allant brouter à la montagne, rencontrèrent le loup qui voulut les manger. — *Ne nous mangez pas encore, nous allons brouter, quand nous re-*

viendrons nous serons plus remplies. Le loup attendit. En revenant, bien tristes, pour se livrer au loup, les chèvres rencontrèrent le renard et lui racontèrent que le loup allait les manger et que c'était pour cela qu'elles étaient si tristes. — *Que me donnerez-vous si je vous fais échapper?* — *Nous vous donnerons tant de lait que vous le pisserez par le cul.* — Alors le renard fit des boulettes en terre qu'il mit au bout de leurs cornes, sauf à une. — *Quand le loup vous verra, il vous demandera ce que vous avez au bout des cornes.* Vous lui direz : *yeux de loup* ; il dira alors : *et celle-ci pourquoi n'en a-t-elle pas ? parce qu'elle veut les vôtres.* C'est ce qui arriva et le loup effrayé s'enfuit. » Basses-Pyr., *Reclams de Biarn*, 1907, p. 102.

313. — « Un loup a la fièvre pour avoir trop mangé. Il va voir un médecin qui lui ordonne de se rationner à sept livres de viande par jour. Le loup achète une balance et pèse chaque jour sa pitance. Une fois qu'il a oublié sa balance il rencontre une belle troupe de chevaux abandonnés. *Je n'ai pas ma balance*, dit-il, *mais à vue de nez, je pense que la jument pèse quatre livres et le poulain trois, cela fait ma ration de sept livres.* Il mangea tant qu'il en creva. » Provence, *Armana prouvençau*, 1872, p. 105.

314. — « Le renard invita un jour le loup à visiter certain poulailler où se trouvaient douze poules et un coq. Le renard mangea modérément mais le loup goinfra tellement que la peau de son ventre *en a craqué* et qu'il en est crevé. — Le renard alla trouver la louve pour lui faire part de cette fâcheuse aventure. Elle voulut voir une dernière fois son cher mari, mais à peine arrivée au poulailler, elle ne songea plus qu'à se régaler. Elle mangea tant qu'elle put ; cependant elle n'en mourut pas,

mais elle y gagna un mal de ventre qui lui dura bel et bien sept ans. — Un jour qu'elle se plaignait des se coliques, ses enfants lui dirent : « c'est bien fait, fallait pas être si gourmande ». Vexée, elle ne répondit rien sur le moment, mais quelques jours après elle leur fit visiter un poulailler bien garni, où ils se remplirent si bien la panse, qu'ils en crevèrent comme leur père. La louve était vengée de l'impertinence de ses enfants. » Ineuil (Cher), r. p. — Sur le loup entrant, à l'instigation du renard, dans un endroit rempli de viande, et s'empiffrant au point de ne plus pouvoir sortir, voyez L. Hervieux, *Fabulistes lat.*, passim.

315. — « Le loup que la faim faict témérairement courir où il entend crier l'oye, tombe en un précipice et laisse sa peau pour son escot. » Du Souhait, *Le Pacifique*, 1604, p. 94.

316. — « Le loup se baigna un jour avec des oies pour leur être agréable, mais, ce faisant, il se noya. » Arrens (Htes-Pyr.), c. p. M. M. Camélat.

317. — « Sur le conte de la chèvre qui a pris le loup dans une église, voyez Parival, *Hist. facét.*, 1669, p. 16; Fourtier, *Dictons de Seine-et-Marne*, p. 90. — « Il y avait autrefois aux Deux-Jumeaux (S.-et-M.) une chapelle qui s'appelait *La chapelle de la crabe qui a pris le loup*. » Pascal, I, 526.

On dit : *Les sorciers de Cramesnil* (Calvados). Les gens de ce pays ayant capturé des loups les ont jugés indignes de les faire coucher dans une maison, il les ont mis coucher dehors, ce qui indique qu'ils n'étaient pas malins. » Lecœur.

318. — « On appelle les Dauphinois *les brûleurs de loups* parce qu'on prétend qu'autrefois ils ont mis le feu à toutes leurs forêts pour détruire les loups. » *L'intermédiaire*, XVI, 406.

319. — *La préface de la messe, parodie populaire* : Lectio libri, Notre gaye (*chèvre*) su l'ti (*sur le toit*). L'alouette en bas Qui la regarda. L'alouette lui dit : Pauvre gaye, ne descends pas, Si tu descends le loup t'étranglera. Le loup respondit : Grosse bête comme moi ne mange pas de chair le vendredi. La pauvre gaye descendit ; Le loup l'emporta par la peau du cu En lui disant : tu ne péteras plus. » Gircourt (Pays messin), c. p. M. R. Quépat. — « Lectio libri, Les oïes éta au petis (*à la pâture*). Le loup y vint et en prit une pa l'ale. L'oïe li dit : *lache mé*. Le loup li dit : Si je te lâchais tu t'envolerais. Mais le loup fut si bêta qu'il lâcha l'oïe Et que l'oïe prit sa volée et s'est envolée. » Vosges, H. Rémond, *Le Pendu*, roman, s. d. (vers 1892) (dans *Romans inédits*). — « La chèvre est à la montagne. Le loup est au pied. Le loup dit à la chèvre : Chèvre, descendez. La chèvre dit au loup : Tu sais bien, grosse bête Que le vendredi on ne mange pas de chair. La chèvre fut si bête Qu'elle descendit. Le loup l'attrape par la tête, Lui fait faire *bé*, *bé*, *béri*. » Haute-Loire, c. p. M. Paul Le Blanc.

Parodie de l'évangile : « In illo tempequi Le loup a pris une chèvre ; — on ne sait oùss' qu'il l'a mis. L'a monté sur la côte et il a dit : chèvre, bahhe me (*baise-moi*). La chèvre a dit au loup : Si j' te bahhe, tu m' mangeras. La chèvre bahhe le loup ; Le loup l'a trangnie (*étranglée*). Le loup dit à la chèvre : Une autre vaye (*fois*) Tu n' me bahhrés plus. » Pays messin, r. p.

Voir des parodies analogues dans la *Faune pop.*, t. I, p. 136; dans *Mélusine*, t. I, col. 341.

320. — « Compère qu'as-tu vu ? — J'ai vu z'un loup Qui plantait des choux Au pied du grenier. — Compère, vous mentez. » Fragment d'une chanson pop. de la Nièvre, r. p.

321. — Des enfants qui se tiennent l'un l'autre par la robe en marchant, imitant en cela les loups qui marchent à la queue l'un de l'autre, on dit qu'ils marchent :

à la keuve leu leu, anc. fr., FROISSART, éd. Scheler, I, 93 et 203.

à la queue leu leu, anc. fr., P. BOREL, *Tres. d. rech.*, 1655, p. 512; GODEFROY, IX, 109.

à la queue au loup, anc. fr., GOD., IX, 109. — Chaussin (Jura), GROSJ. et BR.

à la queue d' leu, Seine-Inf., DECORDE. — P.-de-C., c. p. M. ED. EDMONT.

à la coué doou loup, Provence, MISTRAL.

« Dans le *jeu de la queue du loup* les enfants se tiennent à la queue leu leu ; le premier est *le bélier*, le dernier est *l'agneau*; un autre enfant qui n'est pas dans la bande *fait le loup* et cherche à attraper l'agneau. » NADAILLAC, *Jeux de collège*, 1875, p. 91.

322. — « *Le loup et le fermier*, jeu. Un fermier a dans sa ferme plusieurs espèces d'animaux domestiques. Un loup vient et demande au fermier : *as-tu un bœuf?* (ou un autre animal domestique). — *Oui.* — *Combien le vends-tu ?* — *Trois louis.* — *Convenu.* (Il frappe trois fois dans la main du vendeur.) — Pendant ce temps le bœuf s'enfuit et le loup court après. » Voy. NADAILLAC, *Jeux de collège*, 1875, p. 124.

383. — « Le jeu du Loup était toujours réservé pour l'obscurité. On plantait un piquet en terre ; on y attachait une longue corde formée de plusieurs chevêtres de cheval. On choisissait le 1er Loup ; ordinairement ce titre était ambitionné ; on l'attachait à la corde ; on lui bandait les yeux, puis on s'écartait. Alors, on lui jetait, les garçons leurs chapeaux ou leurs bonnets, les filles, leurs tabliers ou leurs fichus roulés, et jusqu'à des chemisotes ou des corpsets. Le Loup devinait à qui appartenait le chapeau, le tablier, le fichu, ou il le mettait au pied de son piquet, s'il ne devinait pas ; on tâchait alors de les reprendre : Mais s'il avait deviné un garçon, celui-ci était loup à son tour : au lieu que si c'était une fille, elle nommait un garçon pour la remplacer. Si le loup saisissait un garçon personnellement, il le rossait ; si c'était une fille, il la mangeait; c'est-à-dire, qu'il la fourageait assés librement. On n'était guère attrapé qu'en voulant reprendre lés gages amoncelés autour du piquet du Loup. Ce jeu était fort innocent entre les enfants tels que j'étais, mais quelquefois les garçons de 15 à 20 ans s'en mêlaient, et alors il s'y passait des choses peu décentes : » Bourgogne, RESTIF DE LA BRETONNE, *Monsieur Nicolas,* 1796.

324. — « *Le Loup* est un jouet qui se compose d'un morceau de latte auquel est attachée une corde d'une demi-aune. Ce morceau de latte, on le fait tourner en l'air par le moyen de la corde ; il fait alors un certain bruit analogue à celui d'un *loup* qui hurle. » *Dict. des arts,* 1732.

« *Le Leu* est un jeu d'enfant fait avec un morceau de planche mince, long de six pouces, large de deux, attaché par un bout avec une ficelle. En le faisant tourner avec vitesse dans l'air, il fait un bruissement que l'on compare au hurlement d'un loup. » Valenciennes, HÉCART.

325. — « A Metz les enfants jouent sur une espèce d'eschiquier où *les deux loups* sont deux cailloux assez gros en comparaison de bon nombre d'autres qu'ils nomment *brebis* et qui à peine peuvent éviter d'être toutes forcées ou prises par ces deux loups. » Le Duchat, *Œuvres de Rabelais*, 1741, p. 79, en note.

326. — « *Jeu du loup de poivre* = jeu lyonnais. » *Journal de Guignol du 30 avril 1887*, p. 1.

327. — Sur les jeux enfantins dans lesquels le loup joue un rôle, voyez : *Manuel des jeux de société*, édit. Roret, in-18 (p. 29, *Le loup et la bergère*).

Nouveau Manuel des Jeux, 1838, in-18 (p. 203, *Le jeu du loup sur un plateau avec 20 brebis et 2 loups*, p. 204, *le jeu du loup et de la biche*).

La Tradition, 1902, (p. 334, *loup y est-tu* ?) ; Lambert, *chans. pop. du Langued.*, 1906, I, 281-286 (*loup, y est-tu* ?)

Mélusine, I, 555 (*Le jeu de la queue du loup.*)

Romania, II, 148, (*Problème arithmétique du loup, de la chèvre et du chou*).

Revue du Traditionnisme, 1907 (p. 134, *tu pues ou tu sens*, jeu vendéen où il y a un loup qui cherche un couteau.)

L.-F. Sauvé, *Formulettes*, etc., dans *Revue celt.*, t. V (p. 163-166, *formulettes enfantines rel. au loup* ; p. 170 *le berger, le loup et les moutons*).

Roussey, *Glossaire de Bournois* (p. 358 *La queue au loup.*)

Revue d'Avranches, 1883 (p. 230, *le loup foudroyé*).

Sébillot, *Additions* (chap. lx, *le loup est mort*).

328. — *Devinettes.*

« Quatre sont à courir les uns après les autres ; le second dévore le premier, le troisième dévore le second, le quatrième les dévore tous. — *Lièvre, renard, chien, loup.* » Devinette bretonne, SAUVÉ (dans *Rev. celt.*, 1879, p. 70).

« Sézin-sézéri-sézié, fouzin-fouzéri-fouzié, vénin-vénéri-vénié. Sans sézin-sézéri-sézié, vénin-vénéri-vénié manjavo fouzin-fouzéri-fouzié. — *Le chien, le porc, le loup. Sans le chien le loup mangeait le porc.* » Devin. du Gard, c. p. M. P. FESQUET.

« *Fouzico fouzio, Jazico jazio, Bégnico bégno, e sans Jazico, Bégnico manjabo Fouzico* = Le porc fouissait, le chien était couché, le loup venait et sans Jazico, Begnico mangeait Fouzico. » Loze (Tarn-et-G.), c. p. M. A. PERBOSC.

« Qui est-ce qui est au bois avant le loup ? — *Son haleine.* » Pays wallon, *Wallonia*, 1896, p. 90. — « Qui sort du bois avant le loup ? — *Son haleine.* » Ardennes, MAYRAC, *Forêt des Ard.*, 1896, p. 301.

« Pourquoy un loup suivy, ayant failli sa proye Ne voit derrière luy en courant par la voye ? — Parce qu'il n'a point d'yeux au derrière. » *Questions enigmatiques récréatives*, 1574, p. 6.

Voir d'autres devinettes dans lesquelles le loup joue un rôle, aux articles que nous consacrerons plus tard au *chêne* et au *porc*.

329. — *Symbolique* : « Sous l'image d'un loup servant d'emblème on a mis l'exergue suivant : Pavent oves, Timent canes, Intrepidus maneo. » P. GIOVIO, *Regionamento soprai motti*, 1556, p. 103. — « Le loup, en blason, symbolise un vaillant capitaine assiégé, se jetant sur ses

ennemis et aussi un homme paillard et menteur. » J. BOISSEAU, *Promptuaire armorial*, 1658, 1re partie, p. 20. — « *Exsucto lacte vorabit ubera = après avoir desséché les mamelles il les dévore* ». Exergue de la famille De Moges Buron qui a dans ses armes une chèvre allaitant un louveteau. » DE BESSAS, p. 354. « La louve symbolise la putain et la maquerelle. » IDEM, *idem*. — « Ire sur un loup siet. » XIVe s., Eust. DESCHAMPS, I, 319. — « Glotonye ressemble au jouvencel chivachant sur un loup, portant en sa main un écoufle (*milan*). » CAHIER, *Mélanges d'archéolog.*, II (1851), 26. [Une image accompagne cette sentence.]

« *Etiam post funera bellat* = paroles accompagnant l'image d'un tambour fait d'une peau de loup et d'une peau d'agneau; c'est la devise du maréchal Blaise de Montluc qui après avoir bien fait la guerre pendant sa vie, a montré par ses commentaires à bien la faire après sa mort. » CHASSANT, *Dictionnaire des devises*, 1878, I, 96.

« Les armes de la famille de Gratteloup étaient un loup rampant d'or et bras d'argent qui lui grattait le dos. C'étaient des armes parlantes. » PASCAL, II, 303.

Pour le loup dans la symbolique chrétienne, voyez : CAHIER, *Caractérist. des saints*, 1867, II, 528-533.

330. — *Héraldique* : « On appelle *loup écorché*, un loup de couleur rouge ou de gueule. » *Dict. des arts*, 1732.

« Dans l'ancienne héraldique on appelait *mordens candidus* une dent de loup représentée sur l'écu. » DU C., IV, 547.

Pour le loup dans l'héraldique, voyez : GELIOT, 1660, II, 435 et 505.

« On appelle les Blésois *les loups de Blois* parce qu'il y a un loup dans les armes de la ville. » LOISEAU, *Rues de Blois*, 1891, p. 14.

331. — *Bibliographie*. Pour diverses superstitions relatives au loup, voyez : R. DE BLOCK, *Le loup dans les mythologies de la Grèce et de l'Italie ancienne* (dans *Rev. de l'instruct. publ. en Belgique*, 1877, p. 145-158 et p. 217-234) ; A. MAURY, *Croyances du moyen âge*, 1896, p. 248-251.

LE LOUP-GAROU.

1. — Ses noms :

gerulphus, *varolus*, lat. du moy. âge, DU C.
lupinus homo, l. du XVIe s., GUILLEMEAU, *Tables anatom.*, 1586, p. 96.
garwall, anc. normand, GOD.
garoul, *garol*, *garou*, *varol*, *wareul*, *loup beroux*, *lebrou*, anc. fr., GOD.
waroul, anc. fr., DU C.
varou, anc. fr., *Bibl. de l'éc. d. ch.*, 1846-47, p. 84.
ghèrou, Sarthe, MONTESSON, 1899.
loup-garrud, Lauraguais (Haute-Gar.), FAGOT, *Folkl.*, p. 311.
loup-garoun, m. Gers, *Bull. de la soc. archéol. du Gers*, 1906, p. 330.
lou-caroun, Gers, *Rev. d'Aquitaine*, 1857.
lou-carouss, Habas (Landes), GASSIAT. — Basses-Pyr., LARROQUE, *Arrep.*, 1897, p. 107.
lacarou, m., Arrens (H.-Pyr.), c. p. M. M. CAMÉLAT.
leu-warou, anc. fr., BARBAZAN, *Fabl.*, 1808, I, 213.
lébérou, m., Gard, c. p. M. P. FESQUET. — Sardent (Creuse), *Rev. d. lang. rom.*, 1879, p. 111. — Lot, *Lemouzi*, 1898, p. 104. — Limousin, *Écho de la Corrèze*, 1893, n° 17, p. 5. (On trouve dans ce journal, au même endroit : *lébérouno* = femme loup-garou.) — Mussidan (Dord.), CHASTANET, *Per tuà lou tems*, 1890, p. 90.

lubërou, m., Villette-Serpaize (Isère), DEVAUX, p. 428,
lhiûbëru, m., Terres froides (Dauphiné), DEVAUX, p. 428.
loup-bërou, *lou-brou*, Berry, Poitou, Touraine.
loup creu, m., Brie, *Revue du Traditionn.*, 1907, p. 42. « Hurler comme un loup creu. »
l'brou, m., *ëlbrou*, m., Indre-et-L., ROUGÉ, *Trad. p. de Loches*, 1907, p. 18.
lou ga-ou, *ghèrlou*, Yonne, JOSSIER.
lou-arou, Tourcoing, WATTEEUW. — env. de Boulogne (P.-de-C.), c. p. M. B. DE KERHERVÉ.
laou-haraou, *lou-hérou*, *mâ-lou* (= mauvais l.), *darou*, *dorou*, Lorraine, L. ADAM.
lou-parou, m., Lot, MISTRAL.
lé-pérou, m., Sarlat (Dordogne), COLAS.
voyreloup, m., anc. fr., LE BON, *Etymologicon*, 1571, feuillet 52, r°. [LE BON était originaire des Vosges.]
vouar-lou, m., *ouarlou*, m., Aube, Marne.
garu-ló, Alpes Cottiennes, CHABR.
leu ouarou, *dyâl lè-ouèrou*, *tchè à tchin-n'* (= chien à chaînes), Pays wallon, MONSEUR, *Folkl. wall.*
galouc, m., L'Ile-d'Elle (Vendée), GUÉRIN, p. 109.
garache, fém., Vendée, *Annuaire de la Soc. d'Emul. de la Vend.*, 1860, p. 142 et 1862, p. 176.
loup-paoumè, Beaumont-de-Lomagne (T.-et-G.), CASSAIGNAU, *Fantesios*, 1881.
louara, m., *marloup*, m., Centre, JAUBERT.

2. — TOPONOMASTIQUE :

Le Loup-garou, *Le Loup-gard*, localités de la Mayenne, MAITRE, 1878.
Lougarel, localité du Gard, GERMER-DURAND, 1868.
Montgaroult, village de l'Orne.
Montgareux, village de Seine-et-Marne.
Garlopeaux, hameau de la Charente-Inférieure.

Le Marloup, loc. d'Indre-et-L., CARRÉ.
Vaumarloup, localité de l'Yonne, QUANTIN, 1862.
La Garoulière, loc. de l'Anjou, *Arch. eccl.de M.-et-L.*, 1880, p. 85.
Col de Peilleveroux, loc. de Savoie, VERNIER.

3. — ENSEIGNES :

Au Loup Garou, enseigne à Amiens, au XVIIe s., BOCA, *Arch. civ. de la Seine*, 1883, I, 162.

4. ONOMASTIQUE :

Gaufredus de Vairlox, nom d'un homme en 1378, *Gallia christiana*, XIII, 42.

5. — Parcourir la campagne, la nuit, sous forme de loup-garou et par extension mener une vie dévergondée, se dit :

aller en guarrouage, *aller en varouillaige*, anc. fr., GOD.
aller en galouage, Centre, JAUBERT.
courir le quildou, anc. fr., *Recueil de pièces parues en 1649*, s. l., 1650, p. 552.
trotter le guilledou, anc. fr., LITTRÉ.
courir la galipode, Vendée, BOISSON, *Veillées vend.*, 1892, p. 242.
ibaraoudà, Miribel (Isère), DEVAUX, p. 428.
varoulé (= vagabonder, être toujours sur les chemins), *ouaroulé*, Pas-de-C., c. p. M. ED. EDMONT.

« *Marloup*, *marloupin*, *marloupiat*, *marloupatte* = souteneur, maquereau. » argot, BRUANT, 1901. — « *Marloucier* = maquereau, souteneur. » *Jargon ou langage de l'argot*, s. d. (vers 1650), réimpr. TECHENER, 1831. — « *Marlouserie*, f. = Gredinerie, malignité, tour de finesse. » argot, MÉTÉNIER, *Madame La Boule*, 1890,

p. 210. « *Garaudè* = amant galant, bon ami. » Centre, JAUB. — « *Calouquet* = amant de cœur d'une ouvrière. » CUISIN, *Cabarets de Paris*, 1821, p. 22. — « *Gar-loubat* = vaurien. » anc. fr., GOD., V, 38.

« *C'est un vinléouarou* = c'est un vilain loup garou, un méchant homme. » Pas-de-Calais, NISARD, *Curios. de l'étymol.*, 1863, p. 174.

« *Varouleû* — ouvrier paresseux. » Lille, A. CAPON, *Marie-Claire*, 1899, p. 212. — « *Varouyêu* ou *vérouyeû* = homme déguénillé et de mauvaise mine. » Chenay (Marne), c. p. M. E. MAUSSENET.

6. — *Jurons* : « *Sacré loup-garou* ! » Berry, Bourgogne. — « Léouarou-démon ! » Somme, NISARD, *Curios. de l'étymol.*, 1863, p. 174. — « *Satan de loup-brou !* ou *mille-loups brous !* » Centre, JAUBERT.

« *Ah ! l' loup-garou !, Ah, le varat* (*verrat*) *!* sont des aménités grivoises du langage courant. Elles marquent plutôt l'admiration pour un gaillard truculent qu'elles n'impliquent un blâme. » c. p. M. J. FELLER. — « *Oh ! le loup-garou !* = Oh ! le bougre ! Oh ! l'heureux compère ! » Marne, c. p. E. MAUSSENET.

« Les mères appellent leurs enfants *loups-vérous* quand elles veulent les gronder amicalement. » Chaussin (Jura), c. p. M. A. BRIOT.

« Travailler, crier, jurer, se battre comme un loup garou = extrêmement. » Lot, c. p. M. A. PERBOSC.

7. — « Celui qui reste sept ans sans aller à confesse devient loup-garou. » Lorient (Morbih.), r. p. — Si l'on reste sept ans sans mettre la main dans un bénitier on devient loup-garou. » Basse Bretagne, KERARDVEN.

« Est changé en garou celui qui à la confession cache quelque péché ou celui qui voit une crime et ne le révèle pas. » Vendée, LA CHESNAYE, *Le paysan du Bocage*, 1900, p. 5.

« Ceux qui le jour du vendredy saint mangent de la chair d'homme deviennent lougaroux. » J. DE CAURRES, *Œuvres diversifiées*, 1584, f°s 12, v°.

8. — *Le galouc* (homme transformé en animal) est obligé de parcourir, la nuit, pendant certaines semaines, sept paroisses dans la même traite. Avant la construction du Pont du Gouffre, il devait sauter le précipice, à pieds joints, portant dans sa gueule un veau de deux mois. » L'Isle d'Elle (Vendée), A. SIMONNEAU (dans *Revue poitevine*, 1885, p. 10).

9. — « Un homme qui court transformé en loup-garou, a, le lendemain, quand il a repris sa forme primitive, des rugosités extraordinaires aux mains. » Cantal, AUDIGIER, *Cout. de la Haute-Auv.*, 1892, p. 43.

10. — « Est *loup-garou* une personne sur *sept*, et ce, pendant *sept ans*, et doit tous les jours parcourir *sept* paroisses ou manger *sept* chiens. » Canton de Seilhac (Corrèze), *Echo de la Corrèze*, 1893, n° 12. — « Le loup-garou doit parcourir neuf paroisses avant de se coucher. » Rochechouart (H. Vienne), DULÉRY, *Rochechouart*, 1855, p. 171.

11. — « Une personne transformée en loup-garou ne peut mourir tranquille si elle n'a pas fait présent à quelqu'un de sa peau de loup-garou. » Rochechouart (H.-Vienne), DULÉRY, *Roch.*, 1855, p. 171.

12. — Si le loup-garou dévore le premier animal rencontré sur la route, il devient, pendant toute la journée, inoffensif

pour les autres êtres. » Cantal, AUDIGIER, *Cout. de la Haute Auv.*, 1892, p. 43.

13. — « Le loup-garou cherche à noyer les hommes. Quant aux chiens il leur ouvre le ventre, en retire les boyaux qu'il étend sur les haies en longs cordons hideux. » H. SCLAFER, *Le paysan riche*, roman. La scène se passe dans la Gironde.)

« Le loup-garou parcourt les campagnes pour tuer et manger tous les chiens dont il vend la peau au diable. » Corrèze, *L'indicateur corrézien*, Tulle, 1839, numéro du 17 sept.

« Celui qui est transformé en loup-garou va le soir, se battre avec les chiens de garde. » Lorient, r. p.

14. — « A certain menhir les *garaches* (loups-garoux) font sauter dans les cavités naturelles, qui leur servent de poêles, des cuisses de chien dont elles se repaissent avec avidité. » Vendée, *Annuaire de la Soc. d'Emul. de la Vendée*, 1862, p. 176. « Près du Breuil-Barret s'élève une *pierre debout* ayant à son sommet une cuvette qui se remplit de l'eau du ciel. Les loups-garous la boivent, au retour de leurs courses aux *sept clochers.* » Vendée, *Ann. de la S. d'E. de la V.*, 1871, p. 118.

15. — « Le loup-garou est à l'épreuve de la balle, à moins que le tireur ne porte sur lui sans le savoir, un trèfle à quatre feuilles. » Vosges, SAUVÉ, *Folkl. d. Vosges*, p. 177.

« Il faut mettre de la cire vierge dans la crosse de son fusil, sans cela le coup ne partirait pas sur un loup-garou. » Jura, *Annuaire du Jura*, 1823, p. 53.

« Seuls les bâtons à pointe et à virole de fer peuvent blesser le loup-garou à sang-coulant, blessure qui a le pouvoir de réduire le garou à l'impuissance, en lui faisant reprendre sa forme humaine. » Hesbaye (Belg.), *Wallonia*, 1895, p. 167.

» Le seul moyen de tuer un loup-garou c'est de frapper ou de tirer sur son ombre. » Saint-Girons (Ariège), r. p.

16. — En Savoie on attribue aux Feux de la Saint-Jean la destruction des loups-garous. » RICHARD, *Guide aux eaux d'Aix*, p. 162.

17. — « Les loups-garous cachent leur peau, pendant le jour, selon les uns dans les fumiers, selon les autres dans les bûchers. » Corrèze, *Echo de la Corrèze*, 1893, n° 12.

18. — « Pour mettre en fuite les *garaches* il faut piquer son couteau en terre. » Bocage vendéen, *Rev. d. tr. p.*, 1903, p. 464.

19. — « On dit d'une bouffée soudaine du vent, d'un tourbillon ; *voilà les loups-garous qui sortent.* » Envir. de Saint-Brieuc, SÉBILLOT, *Folkl. fr.*, I, 82.

20. — « C'est *le garou* qui embrouille la crinière des chevaux. » Clos-Poulet (Ille-et-V.), *Rev. d. tr. p.*, 1903, p. 445.

21. — « Le loup-garou est un cheval qui a des yeux de chat ; il saute en avant, en arrière, comme un bélier qui va frapper du front; il a des flammes bleues qui s'entortillent comme un fouet autour de ses jambes. » Basse Bretagne, *Revue de Bretagne*, II (1833), p. 204.

22. — « *Le Lupeux* est un être fantastique à tête de loup et à voix humaine qui attire les voyageurs dans les fondrières. » Centre, JAUBERT.

« *Le Lubin* est un être fantastique, généralement bienfaisant, qui suit la charrue des laboureurs dans le sillon. » Centre, JAUBERT. — « *Le Lubin* est un fantôme en forme de loup qui rôde la nuit, cherche à entrer dans les cimetières et est du reste assez peureux. Le chef des Lubins est tout noir et plus grand que les autres. Lorsqu'on s'en approche, il se dresse sur ses pattes et toute la troupe disparaît en criant : *Robert est mort !* » PLUQUET, *Contes de Bayeux*, 1834, p. 14.

23. — « *La Levrette* est un grand chien efflanqué, espèce de loup-garou, qui rôde autour des bergeries ; les balles bénites seules peuvent l'atteindre. » Centre, JAUBERT.

24. — « De culuevre nous font anguilles Aignel de warou et de leu. » Anc. fr., DU C., s. v° *varolus*.

25. — Ils se séparèrent enfin, non sans protestation de se revoir, et ils s'en allèrent chacun de son costé chercher son logis à tastons, et *en pas de loup-garou*, chose qui arrive souvent aux plaideurs. » FURETIÈRE, *Roman bourg.* 1666, éd. Jannet, p. 206.

26. — « Manger comme un loup-garou. » BERTHAUD, *Paris en vers burlesques*, 1660, p. 25.

27. — « Il est comme un loup-garou, toujours tout seul. » VANDER BURCH, *L'épingle noire*, 1829, IV, 134.

28. — « Le mélancholique érotique devient quelquefois loup-garou. » FERRAND, *Maladie d'amour*, 1623, p. 251. [La lycanthropie est une maladie de l'homme qui fait qu'il quitte son lit la nuit, erre çà et là et rentre se coucher harassé et déchiré par les épines. Le lendemain il n'a aucun souvenir de ce qu'il a fait.]

29. — « Il se sauva, vaille-que-vaille, Songeant creux, comme un lou-garou Et se cacha, l'on ne sçait où. » XVIIe s., LORET, *Muze histor.*, éd. Livet, III, 72.

30. — « *Brouxes et loups-garous Aous curès hén minyà capous* = les sorcières et les l. g. aux curés font manger des chapons, à cause des prières que l'on leur fait faire contre ces êtres fantastiques et des chapons qu'on leur donne pour faire ces prières. » B.-Pyr., LESPY.

31. — *Bibliographie.* Voyez encore pour le loup-garou : F. LIEBRECHT, *Des Gervasius von Tilbury Otia imperialia*, 1856, p. 101 ; Simon GOULART, *Hist. admirables*, 1610, I, 336-341 ; P. DE LANCRE, *Inconstance de mauvais anges*, 1613, p. 252-327 ; C. NISARD, *Curiosités de l'étymol.*, 1863, p. 174-179 ; SÉBILLOT, *Folkl.*, III, 52-57 ; NOBLET, *Hist. de Royan*, 1905, p. 50 ; *Rev. des trad. pop.*, 1906, p. 15 ; *Bull. de la soc. archéol. du Gers*, 1906, p. 330.

Canis vulpes. (L.) — LE RENARD

(Voy. *Faune popul.*, t. I, p. 160.)

1. — D'une manière générale, quand on ne tient pas compte du sexe et de l'âge, cet animal est appelé :

volp, f., anc. prov., RAYN. — albigeois de 1245, *Annuaire du Tarn*, 1871, p. 314. — dauphinois du XIVe s., *Bull. hist. du com. des trav.*, 1885, p. 127. — Nîmes, au moy. â., *Mém. de l'Acad. de N.*, 1901, p. 283.

volpe, f., *vulpe*, f., anc. fr., GOD., I, 418 ; III, 325.

vuolp, f., *guiner*, m., anc. prov., RAYNOUARD.

vorp, f., mentonais, ANDREWS.

bop, f., Lectoure (Gers), DUBRIEUX, *Belhados*, 1892, p. 38.

boup, f., Luchon (H.-G.), c. p. M. B. SARRIEU. — Arrens (Hautes-Pyr.), c. p. M. M. CAMÉLAT. — Arthez (B.-Pyr.), LABAIG-LANGLADE., *Poés. béarn.*, 1893, I, 23.

aboup, f., Nestier (Hautes-Pyr.), PORTES, *Fablos*, 1857, p. 75.

waupe, f., *wauppe*, f., franç. de Péronne au XIVe s., J. FINOT, *Relat. comm. entre la France et la Flandre*, 1894, p. 215.

— fr. du nord-est, doc. de 1295, GOD., IV, 247. — anc. fr., DU C., VI, 501.

volpille, f., anc. dauphinois, DEVAUX.

Renart li vulpis, m., liégeois du XIVe s., PASQUET (1) (dans *Bull. de la Soc. liég. de litt. wall.*, 1886, p. 92.)

ulpy, m., liégeois du XVe s., PASQUET (dans *Bull.*, etc., p. 92.)

vulpil, vulpille, vurpil, vuerpyl, volpil, vorpil, verpil, werpil, werpille, golpil, gourpil, gourpill, gorpil, gourpille, gorpille, gorpill, grouppil, ourpil, horpil, holpil, gopil, goupil, goupille, gupil, gupille, oupil, houpil, hopil, anc. fr., GOD.

guerpil, anc. f., *Zeitsch. f. rom. Philol.*, 1885, p. 349.

wirpil, m., champenois du XVe s., VARIN, *Archives de Reims*, 1840, I, 741.

corpille, f., anc. franç., PASQUET (dans *Bull. de la Soc. liég. de litt. wall.*, 1886, p. 88.).

holpil, m., liégeois du XIIe s., PASQUET, (dans *Idem*, p. 85.)

gourpi,, m., anc. picard, Aug. THIERRY, *Monum. inéd. du Tiers état*, 1850, I, 84.

goupilh, m., La Salle-Saint-Pierre (Gard), FESQUET (dans *Rev. d. lang. rom.*, 1884, p. 69.)

woupil, anc. fr. du nord-est, PASQUET, (dans *Bull. de la soc. liég. de litt. wall.*, 1886, p. 91.)

gouilha, f., Pyr.-Orient., *Soc. agr. d. Pyr.-Or.*, 1882, p. 282.

ghèy'né, m., Aveyron, VAYSSIER.

Rainart, m., anc. fr. [Sur l'emploi de ce mot au moyen âge dans l'Epopée animale, voyez : Gast. PARIS (dans *Journal des Savants*, 1894, p. 599-600).

nèbèré, m., jargon de Razey près Xertigny (Vosges), r. p.

---

(1) Emmanuel PASQUET, *Goupil et renard* (dans *Bull. de la soc. liég. de littér. wallonne*, Liége, 1886, 75-98). C'est une étude sur les noms du renard en français, au moyen âge, avec de nombreux exemples.

màndro, f., Gard, Hérault, Aude, Lot, T.-et-G., Ariège. [En cévenol, selon SAUVAGES, 1785, le mot *màndro* ou *màndrouno* signifie littéralement *mendianto valide* et *paresseuso, maquerelle.*]

màndré, m., Tarn, MISTRAL.

manjo-galinos, m., La Salle-Saint-P. (Gard), FESQUET (dans *Rev. d. l. rom.*, 1884, p. 69.)

mon cousin, compère le renard, Dinan (C.-d.-N.), *Rev. des tr. pop.*, 1905, p. 55.)

Bastien, m., fr. des chasseurs (1), r. p. — Ineuil (Cher), r. p.

cavoet, m., argot des maçons de Samoens (Haute-Sav.), BUFFET.

Alanik (= le petit Alain), breton, P. GRÉGOIRE, etc. (Sur ce mot voyez ERNAULT, *Etymolog. bret.*, 1905, p. 106-107.)

Voir d'autres noms du renard dans GILLIÉRON et EDMONT, *Atlas ling. de la Fr.*, fasc. 25, carte 1147.

2. — La femelle est appelée :

vulpissa, vulpecula, vulpella, lat. du m. â., GRIMM ; DIEF.

renarde, f., fr. du XVIe s., *Hist. macar. de Merl. Coccaie*, éd. Jac., p. 410.

rèy'nardo, f., [illegible]*'ardo*, f., languedocien.

rày'nalho, f., Aveyron, J. BESSOU, *Countes de Tata Mannou*, 1902, p. 6.

Herme, Hermeline, Richelt, Richeut (2), *Richout*, noms familiers donnés à la renarde dans l'épopée animale du moyen âge, MARTIN, *Le roman de Renart*, passim.

---

(1) « Quand on va à la chasse au renard il ne faut pas prononcer le mot *renard*, on serait sûr de ne pas trouver cet animal. Quand on veut parler de lui on l'appelle *Bastien.* » r. p.

(2) « On appelait *Richaud*, au moyen âge, une entremetteuse. » MONTAIGL. et RAYN., *Rec. de fabl.*, 1872, VI, 373.

3. — Le jeune renard est appelé :

gourpillon, m., *gourpillete*, f., *goupillet*, m., anc. fr., PASQUET, p. 88 et 96.

wolpisele, f., *gourpisiel*, m., *vulpillat*, m., *goupillat*, m., *werperil*, m., anc. fr., GOD.

boupall, m., *bouparratt*, m., Arrens (Hautes-Pyr.) c. p. M. M. CAMÉLAT.

boupatt, m., *boupato*, f., *boupatott*, m., *boupatoto*, f., Luchon (H.-G.), c. p. M. B. SARRIEU.

renardon, m., anc. fr., *Subtiles*, *ables d'Esope*, 1484.

rày'nardou, m., *réy'nardou*, m., languedocien.

rày'nalhou, m., Aveyron, MISTRAL.

Malebranche, *Percehaie*, *Rovel*, *Rouvel*, noms familiers donnés au jeune renard dans le *Roman de Renart*, au moy. â., MARTIN, *Rom. de R.*, passim.

4. — De la femelle qui met bas on dit :

boupà, Luchon (H.-Garonne), c. p. M. B. SARRIEU.

5. — Le terrier du renard est appelé :

boupère, f., B.-Pyr.. LESPY.

boupatère, f., B.-Pyr., LESPY. — Arrens (H.-Pyr.), c. p. M. M. CAMÉLAT.

vulpillière, f., *vouarpillière*, f., *verpillière*, f., *goupillière*, f., anc. fr., GOD.

renardeyre, f., anc. gascon, *Arch. hist. de la Gironde*, t. XI.

renardière, f., franç., FURETIÈRE, 1708.

tesnière, f., *terrier*, m., XIVe s., Gaston PHŒBUS, 229.

bourna, f., env. d'Annecy, CONST. (le mot *bourna* signifie littéralement *cheminée*.)

Malpertuis, *Valcrues*, *Valgris*, noms familiers et facétieux donnés au terrier du renard, dans l'épopée de Renart, au moy. â., MARTIN, *Rom. de Ren.*, passim.

6. — *Etre enfumé comme un renard* = être fort incommodé de la fumée ; on enfume les renards, avec du soufre, pour les faire sortir du terrier ou les faire périr. » — « *La chaminéyo fumo coumo uno réynalièyro* = la cheminée fume comme un terrier de renard qu'on enfume. » Lozère, *Arman. de Louz.*, 1804, p. 28.

7. — Toponomastique :

La Verpille, Le Verpil, La Verpillière, La Volpelière, La Vulpilière, La Vouarpillière, La Verpilière, La Voulperie, La Goupillière, La Goupillerie, Le Renard, La Renarde, Les Renards, Le Renardet, Les Renardeaux, Les Renaults, Les Renauds, Les Raynauds, Le Terrier de Renard, Le Trou du Renard, Les Trous de Renard, Le Crot du Renard, Le Creux du Renard, La Fosse-aux-Renards, La Baume des Renards, La Rue du Renard, La Rue aux Renards, La Vallée du Renard, Le Val-Renard, Le Vau-Renard, La Combe-Renard, Le Champ-du-Renard, Le Bois-au-Renard, Les Haies-Renard, Le Bois-Renard, Le Taillis-aux-Renards, Le Buisson-aux-Renards, Le Pré-au-Renard, Le Chaume-au-Renard, La Côte-Renard, La Roche-au-Renard, La Font-Renard, La Fontaine-du-Renard, La Renarderie, La Renardière, La Renaudie, La Renauderie, La Renaudière, La Renaulière, noms de nombreuses localités.

Vulpeglarias, lat. de 814, loc. de la Provence, D'Arbois de J., 1890, p. 613.

Orpilhieras en 1344, *Volpellieras* en 1510, *Orpillières* aujourd'hui, loc. des B.-du-Rh., Mortr.

Mansus de Vulpa latin de 1165, *Volpol* en 1449, *Voupe* aujourd'hui, local. de la Drôme, Brun-Durand, 1891.

La Voulp, local. du Gard, Bligny-Bondurand, *Arch. civil. du Gard*, 1900, II, 9.

Ratavolp doc. de 1460, *Ratavol* doc. de 1489, *Rateboutl* aujourd'hui, localité de la Dordogne, DE GOURGUES, 1873.

Et Goulet dère Boup (= la gueule du renard), lieu-dit des H.-Pyrénées, c. p. M. M. CAMÉLAT.

Tourneboup, La Boupatère, Les Boupères, local. des B.-Pyr., RAYMOND, *Dict. top. des B.-P.*, 1863.

Vulpilla, lat. du m. â., loc. du Lyonnais, GUIGUE, *Cartulaire lyonn.*, 1893, II, 755.

Ulpilhacum, lat. du m. â., *Aupilhac* aujourd'hui, loc. du Tarn, MISTRAL, I, 178.

Vulpillac au XIIe s., loc. du Limousin, LEROUX, *Arch. de la H.-Vienne*, 1882, p. 261.

Verpel en 1423, loc. de la Champagne, *Gallia Christiana*, IX, 265.

Ga-Volpil, local. des env. de Sisteron au XIVe s., *Annales des Basses-Alpes*, 1884, p. 426.

Les Verpys, loc. de l'Yonne, QUANTIN, 1862.

Le Glairon des Vulpes, ferme sur le territoire de Chaussin (Jura), c. p. M. A. BRIOT.

La Roche de la Volpie, Les Olpilières, loc. du P.-de-D., BOUILLET.

Le Goubil, La Ferme aux Goupils, loc. de la Mayenne, MAITRE, 1878.

La Croix-Goupil, loc. du Morbihan, ROSENZWEIG, 1870.

La Volparie, Les Grupillières, loc. de la Dordogne, DE GOURGUES, 1873.

La Volpilhera doc. de 1441, *L'Oupelheyre, La Volpilière, Volpillac, Volpilhac*, localités du Cantal, AMÉ, 1897.

La Vulpilerie doc. de 1231, *Les Verpillières*, loc. de l'Aube, BOUTIOT, 1874.

La Voulpaudière, La Vaupilière, Les Renaudelles, La Renaudinière, loc. de l'Indre, HUBERT.

La Vulpeillière doc. du XVe s., *En Vourpillière* doc. de 1655, loc. du Haut-Rhin, STOFFEL, 1868.

La Valpillère, loc. de l'Ain, SIRAND, p. 33.
La Vaupière, loc. de l'Ain, GUIGUE.
La Varpillière, loc. de la Meuse, LIÉNARD, 1872.
Verpillemont, Le Mont-Renard, Le Terrier à Renard, loc. de l'Oise, PEIGNÉ-DEL., 1873.
La Pierre à Verpillon, nom d'un dolmen de l'Aube, BOUTIOT, 1874.
Chez-la-Volpillague, loc. du Cantal, AMÉ, 1897.
La Guerpinerie, loc. d'Eure-et-L., MERLET, 1861.
La Roche-Goupillea en 1424, loc. des Deux-Sèvres, LEDAIN.
Le Goupillet, Les Goupillettes, Le Goupil, local. du Calvados, HIPPEAU, 1883.
Le Goupillais, Le Goupilleau, La Goupillouse, loc. de la Mayenne, MAITRE, 1878.
Le Goupillon, loc. de la Mayenne et de la Vienne, MAITRE; RÉDET.
Altare de Vulpasio lat. de 1065, *Ulpaz* doc. de 1135, *Uspars* ou *Vouspais* doc. de 1161, *Voupais* doc. de 1169, *Voulpaix* aujourd'hui, loc. de l'Aisne, MATTON.
Ville-Renard, localité de la Mayenne, MAITRE.
Château-Renard, loc. du Var, *Soc. des sciences du Var*, 1865, p. 34.
Les Loges-Renard, l'Estang de la Renarde doc. de 1638, loc. de la Nièvre, SOULTRAIT.
Port-Regnard doc. de 1582, *Port-Renard* aujourd'hui, local. de l'Yonne, QUANTIN.
La Cavée-Renard, loc. de l'Eure, BLOSSEVILLE.
Le Plessis-Regnard, loc. de la Loire-Inf., CORNULIER.
La Thour-la-Regnarde doc. de 1574, loc. de la Marne, LONGNON, 1891,
L'Arnaudeira doc. de 1248, *Le Pont des Reynardz, les Reynauds*, loc. du Gard, BRUN-DURAND.
La Renuderie, loc. de l'Aisne, MATTON, 1871.
Les Renardeux, La Renaudine, loc. de l'Yonne, QUANTIN.

Les Arnaudières, loc. des Deux-Sèvres, Gouget, *Arch. d. D. S.*, 1896, Série E., p. 175.

La Regnardière doc. de 1485, *La Regnauldière* doc. de 1508, *L'Arnaudère* doc. de 1404, loc. de la Vienné, Rédet.

La Renallière, loc. de l'Anjou, C. Port., *Arch. eccl. de M.-et-L.*, 1880, p. 25.

Les Regnaulderies doc. de 1535, *Les Renauldins* doc. de 1575, loc. de la Vienne, Rédet.

La Renaulerie, *Les Renault*, loc. du Calvados, Hippeau.

La Reneudière, loc. de la Mayenne, Maitre.

La Renardie, *La Renaldie*, loc. du Cantal, Amé.

La Raynaudenque, *Le Serre des Renards*, *La Coste-Reynaude* doc. de 1410, *Les Côtes de Renard*, local. des H. Alpes, Roman.

La Queue du Renard, loc. de l'Eure, Blosseville, 1878. — loc. du Calvados, Hippeau, 1883,

La Coa dau Reynard au moyen âge, *Le Pied-Renard*, loc. de la Drôme, Brun-Durand.

La Queue-Regnar, triage de la forêt d'Hallate, *Etat des forêts de Chantilly*, 1733, p. 53.

Ere Coue de Boupp, lieu dit des H.-Pyrénées. (On appelle ainsi un pré qui a la configuration allongée d'une queue de renard.) c. p. M. M. Camélat.

Montesquieu en Bolbestre en 1395, *Volvestre* aujourd'hui, nom d'un pays arrosé par *la Volve* dans l'Ariège, Du C., VII, 66.

Hôtel du Renard Rouge, *Hôtel de la Queue de Goupil*, anc maisons à Senlis, E. Müller, *Rues de Senlis*, 1880, p. 306 et p. 380.

La Rue de la Queue du Renard, nom ancien d'une rue dans une ville de Champagne, Pélicier, *Arch. eccl. de la Marne*, 1899, IV, 291 ; rue de Corbeil, Pinard, *Rues de Corb.*, 1852, p. 43.

Pouillerenard, loc. de l'Allier, Chazaud, 1881.

Banya-Renart, doc. de 1532, *Baigne-Renart*, doc. de 1556, loc. de la Drôme, Brun-Durand.

Chante-Renard, loc. de la Dordogne et de la Drôme, De Gourgues; Brun-Durand.

Jappe-Renard, loc. de l'Allier et de la Drôme.

La Pierre au Renard, loc. à Guitrancourt (S.-et-O.), Leriche, *Topogr. de Guitr.*, 1904, p. 56.

Le Poirier au Renard, loc. dans la forêt d'Ivry, Chauffourt, 1618, p. 24.

La Taille du Renard, loc. de l'Aisne, Jean d'Orléans, *Anc. lieux dits de Nouvion*, 1903.

La Maison de la Queue du Renard, anc. maison à Compiègne, *Soc. hist. de Compiègne*, 1873, p. 323.

Rue du Renard qui pesche, anc. rue de Paris, Sandric, *Le mareschal des logis logeant le roy*, 1652, p. 4.

Rue Danse-Renard, anc. rue du Mans, Pesche, III, 279.

8. — ENSEIGNES :

Au Renard Rouge, enseigne d'auberge à Lille, A. Capon, *Marie-Claire*, 1896, p. 76.

Au Renard Blanc, enseigne à Amiens, au XVIIe s., Boca, *Arch. civ. de la Somme*, 1883, I, 70; ens. à Reims en 1613, Duchénoy, *Ens. de R.*, 1904, p. 247.

Au Renard Noir, anc. ens. de marchand pelletier, à Dijon, Clément-Janin, *Ens. de Dij.*, 1889, p. 8.

La Queue du Renard, anc. ens. à Paris, *Rev. archéol.*, 1855, p. 7; ens. à Senlis en 1522, E. Müller, *Rues de Senlis*, 1880, p. 16.

Au Renard qui prêche, ens. de Tours, en 1538, Logeais, *Rues de Tours*, 1870, p. 106.

Au Renard qui prêche ou qui pêche, anc. ens. de Troyes, Babeau, *Ens. de Troyes* (dans *Soc. acad. de l'Aube*, 1897, p. 76).

Au Renard Prêchant, anc. enseigne à Strasbourg.

Au Renard Bardé, anc. enseigne de Troyes, BABEAU, *Ens. de Troyes.*

Vieux Loups, Jeunes Renards, ens. d'un marchand pelletier, à Arras, en 1753, CARDEVACQUE, *Vieilles rues d'Arras*, 1885, p. 15.

9. — ONOMASTIQUE :

Goupil, Goubil, Le Verpil, Goupillot, Goupillon, Verpillon, Goupilleau, Gouvillier, Velpeau, Vulpin, Vulpian, Verpy, Vulpillat, Vurpillot, Vurpillat, Verpillat, Verpillier, La Volpillière, Laboupilhère, Renard, Reynard, Reynal, Arnal, Renaud, La Renaudie, etc., etc., noms de famille.

De Voulve, nom de famille en Quercy en 1649, *Soc. des études du Lot*, 1891, p. 44.

De Cirivolp, nom de famille au moy. âge, GUIGUE, *Cartul. lyonnais*, 1893, I, 261.

10. — « Celui qui était préposé à la chasse des renards était autrefois appelé *vulpeculator*, *gopillator*, *vulpiliator*, *vulperius*, *vulperarius*, lat. du m. â., *goupilleur*, en vieux franç. » DU CANGE, VI, 898. — « *Renardè*, m. = chasseur, preneur de renards. » B.-Pyr., c. p. M. L. BATCAVE. — « *Goupiller*, = chasser le r. », anc. fr., GOD.

11. — Quand on voit un renard on lui crie :

Casca ! casca ! rénart, las poulas ! Limousin, *Lemouzi*, 1899, p. 50.

12. — « *Goupieu*, m. = peau de renard », anc. fr., DEPOIN, *Livre de raison de Pontoise*, 1900, p. 101.

13. — « *Les marches du renard* = les traces de ses pieds, langage cynégétique au XVIe s. » *Bon Varlet des chiens*, 1881, p. 25.

14. — « Les crottes des regnars, tessons et autres bestes puans, sont appelées *des fiandes* (= fientes), langage cynégét. au XVIe s. » *Bon varlet des chiens*, 1881, p. 25.

15. — Du cri que fait entendre le renard, on dit :

gannire, *grannire*, *glattire*, lat. du moy. âge, Du C., I, 629, et VI, 755.
ejulare, lat. du m. â., WACKERNAGEL, 1869, p. 61.
gannir, anc. fr., DE MAROLLES, cité par NODIER, *La Philomèle*, 1829, p. 78.
glapir, français. anc. et mod.
clayer, franç. d'Angleterre au XIIIe s., SKEAT.
japper, anc. français, Cl. GAUCHET, *Plais. d. ch.*, 1583, éd. Bl., p. 213.
jàndouà, Aveyron, MISTRAL.
vulpier, anc. fr., LABBE, 1661, p. 504.

16. — « *Vulpinare* = fraudes facere. » l. du m. â., GOETZ. — « *Vulpinare aliquem* = tromper quelqu'un. » l. du m. â., VOIGT, p. 253. — « *Vulpinosus*, *vulpennius* = traître. » l. du m. â., Du C. — « Ce garçon m'a l'air d'un roué, je lui trouve un profil de renard. » A. Fremy, *Maîtresses parisiennes*, 1858, I, 197.

« *Vieux renaré* = vieux rusé. » Marc FOURNIER, *Nuits de la Seine*, 1852. — « *Renaré*, = fin, rusé. » S.-et-Marne, *Rev. de philol. fr.* *1896* p. 29 ; Orne, *Alm. du Perche*, 1896, p. 158. — « Vous passez pour un renaré. » DREIMANNER, *Scandales de Paris*, s. d., (vers 1885). — « Pour une jeune personne, honnête et innocente, elle est fièrement renârée. » P. DE KOCK, *Cauchemar de son propriét.*, vaudev., 1849. — « *Ernardé* = même sens. » Valenc., HÉC. — « *Arnarè* = même sens. » Pas-de-C., c. p. M. ED. EDMONT. — « *Rénardéyà* = ruser, finasser. » B.-Pyr., LESPY; — « Femme est vulpine por decoure (décevoir). » anc. fr., P. HEYSE, *Romanische Inedita*, 1856, p. 67. — « Feme es come goupille, preste adies a dechoivre. » GOD., II, 446. — « Aux ungs je monstre saincte face vulpine. » GRATIAN DE PONT, *Controverses des sexes*, 1534, f[et] VII, v°.

« Il n'y a si rusé ne si fin Qui entende son faulx parler vulpin. » XVIe s., GRINGORE, éd. Hér., I, 49. — « *Vielho mandro* = vieille rusée et matoise., » langued., SAUV., 1785. — « *Mandrat, fin mandrat, fi coumo la mandro* = matois, rusé. » Toulouse, Visn. — « Passer un lièvre en vitesse, Vaincre un renard en finesse, Surpasser un vieillard en adresse Sont trois prodiges du hasard. » QUÉTANT, *Les femmes et le secr.*, com., 1773, p. 7. — *Gorpillage, goupillage* = tromperie. » anc. fr., GOD., IV, 319. — « Soutius (*subtils, faux*) sont com gourpilles et attraians (*voleurs*) comme formilles. » anc. fr., DU C., s. v° *Vulpecula*. — « Tu fais le renard (rusé), mais je t'ai vu flairer au terrier. » G. DUVAL, *Anguille de Mel.*, com., 1804. — « Religieuses sont, se tu bien les regardes, Par dehors comme coulons, mais par dedans renardes. » JUBINAL, *Rec. de fabl.*, 1839, I, 185. — « Femme semble trois choses : louve, *goupille* et chatte. » JUBINAL, *Mort Larguece*, 1875, p. 20. — « Le cerveau de la femme est fait de cresme de singe et de fromage de renard. » LE BON, 1557. — « Les Normands ont été engendrés d'un renard et d'une chatte = *ils sont rusés et traîtres.* » CANEL, *Blas. p. de Norm.*, 1859, I, 64. — « Le Gascon et le Normand sont dans le monde ce que le singe et le renard sont dans la fable. » *La femme d'intrigues*, comédie, 1694. = « Un renard, un Bagnard et un Savoyard sont trois bons frères, » Bas-Valais, GILLIER. — « La femme comme le renard mourra dans sa peau. » DIOU-

LOUFET, *Don Quichotte philosophe*, 1843, I, 161. — « Coudre la peau du renard à celle du lyon = *être cruel et sournois.* » J.-P. CAMUS, *Homélies festives*, 1625, p. 92. — « Ovem in ore et vulpem in corde gerunt. » H. DE BILLY, *Almanach pour 1582*, p. 103. — « Avec le renard on renarde. » XVIe s., BAIF, éd. Bl., 1880, I, 110. — « Il n'y a si fin regnard Qui ne trouve plus finard. » G. MEURIER, 1582. — « A réynart réynart é démi. » Aude, c. p. M. P. CALMET. — « A regnard regnard et demi. » GRUTER, 1610. — « Pour fin et rusé que soit le renard, plus fin est celuy qui le prend. » ALLARD, 1605, f^t 167, v°. — « A vici reinard non fau mounstra las cadenieros (1). » Provence, XVIIe s., *Bug. prov.* — « Le renard cache sa queue, *se dit d'un homme adroit qui cache ses finesses.* » *Dict. de Trév.*, 1754. — « Gardons-nous d'un ours qui montre la patte, d'un renard qui nos poules flatte. » DRACHIR D'AMORNY, *Carabinage*, 1616.

« Au renard, de la parce, sans en effondrer le sac, nous sçavons bien ce qui y peut estre, mais en la teste nullement. » DESLAURIERS, *Prologues sérieux*, 1610, p. 5.

17. — « Le renard change de poil, pas de peau. » GRUTER, 1610, p. 220.

18. — « Sap toutés lous camis coumo un viél ghéy'né. » Aveyron, MISTRAL.

19. — « Il n'y a renard si bien caché que les chiens ne découvrent = *se dit au propre et au figuré.* » Louis d'ORLÉANS, *Banquet d'Arete*, 1594, p. 66.

---

(1) Les broussailles de genévriers.

20. — « Jamais renard n'a chassé sur son terrier. » LEVERRIER, 1778, p. 303. [C'est pour ne pas dénoncer sa présence par des restants de volailles ou de gibier]. — « Li réinar é li faguino (*fouines*) s'én vàn fày'ré loù maou louén. » Provence, MISTR.

21. — « Il n'est feu que de vieux bois, Ny chasse que de vieil renard = *les chiens suivent bien la chasse du r. et le vieux r. sait bien des ruses pour leur échapper ; c'est une chasse émouvante, pleine de péripéties.* » F. T. C., *Le monde cornuz*, 1580, p. 204. — « Méditer une retraite de renard. » *Harangues en proverbes*, 1652.

22. — « *Se retrancher comme un renard* = faire de bonnes fortifications militaires. » *Mercure de la Cour*, 1652, 4me partie, p. 26.

23. — « Il s'est enterré comme un renard = terré, c. à d. qu'il a disparu. » LE NOBLE, *Travaux d'Hercule*, 1694, p. 37.

24. = « *Faire boucler un renard* = forcer un renard à sortir de son terrier, au moyen de chiens. » *Dict. des Arts*, 1732.

25. — « On crie *varo !* à la chasse pour indiquer aux autres chasseurs que c'est un renard que les chiens chassent. » Lorraine, MOYE, *Souvenirs d'un chasseur*, 1804, p. 39.

26. — « Renard qui dort la matinée N'a pas langue emplumée. » BUCHLERUS, 1639. — « Tout renard qui dort n'attrape rien. » Vosges, HAILLANT, *Prov.*, 1902. — « Reinard Qué sé lèvo tard Aganto gés dé galino. » Marseille, *Arman. mars.*, 1889. — « Renard qui dort ne prend pas de poules. » Meuse, J. FÈVRE, *Hist. de Louze*, 1860.

27. — « Pouerto lou regnar dins lou sen. » Provence, XVIIe s., *Bug. prov.* — « Nourrir le renard qui un jour mangera vos

poules. » DINET, *Hiéroglyph.*, 1614, p. 373. — « Il nourrit chez lui un renard pour prendre ses poules. » Chenay (Marne), c. p. M. E. MAUSSENET.

28. — « Où n'y a pas de gouss (*chien*), lou réinar és méstré. » Languedoc, MISTRAL, II, 75.

29. — « Le regnard est à nos poucins. » Proverbe anc. fr., GASTÉ, *Chans. norm. du* XVe s., 1866, p. 130.

30. — « On ira aux armes et on criera au regnard. » *Paraboles de Cicquot*, 1593. p. 23.

31. — « Lou reynard es prés (*pris*), largas (*lâches*) las poulos. » Provence, XVIIe s., *La bugado prov.*

32. — « *Vouloir étrangler le renard afin de faire le bouillon avec les poules*, c'est faire semblant de rendre service aux autres, mais en réalité penser à soi; on tue le renard pour pouvoir prendre les poules soi-même. » *La Sentinelle des campagnes*, Bruxelles, 22 janv. 1843, dans le feuilleton. — « Il n'y a que le renard qui mange les poules. » H. Savoie, CONST. — « N'ey pas toustem lou rénar qui castique las aouques = *ce n'est pas toujours le r. qui châtie les oies.* » Aude, JOURDAN, p. 45.

33. — « Plus joyeux que regnard affamé trouvant le poulailler ouvert. » ALLARD, 1605, f^{ct} 247, v°.

34. — « Il a une maladie de renard, il mangerait bien une poule, *se dit d'un faux malade.* » Marne, Côte-d'Or.

35. — « Il est avis au renard que chacun mange poule comme luy. » *Lettre de proverbes*, 1652, p. 14.

36. — « Ne pas craindre quelqu'un plus qu'un renard une oye. » G. CRETIN, *Chants royaulx*, 1527.

37. — « Et toy, soys aussi bien venu Que un regnard à l'huys d'un mastin. » *Catholiques œuvres*, 1541, I, f[ot] 137, v°.

38. — « Unques od lou, ce m'est avis, Ne fu unquore autre lou pris ; Ne od gopille pris gupil = *Jamais loup n'a pris loup, ni renard pris renard.* » FRANC. MICHEL, *Chron. des ducs de Normandie*, I, 202.

39. — « *Il prend Marc pour Renard* = il se trompe grossièrement. » DU LORENS, *Satyres*, 1624, p. 190. — *Prendre marte pour renard* = même sens. » RICHELET, 1710. — « Prendre mathres pour renards. » *L'ombre de Necrophore*, 1622, p. 126.

40. — « Ung regnard de l'autre sent l'erre (*la trace, la piste*). » *Rec. de poés. franç.*, 1865, IX, 344.

41. — « Un petit monsieur avec un nez à renard... » P.-J. RAYMOND, *Chansons, romances*, etc., 1855, p. 104.

42. — « Vous chanterez de piteuse manière car vous parlez de regnault par le nez. » texte de 1535, MONTAIGLON, *Semonce des coquus*, 1866, p. 8. — « Ils toussissoient comme regnards (1). » RABELAIS, *Pantagruel*, 1533.

« Toux de regnard qui mène jusques au terrier. » LE BON, 1557.

43. — « A ce mot ses oreilles se dressèrent comme celles d'un renard aux aguets. » P. ROBERT, *Confess. de Pied de fer*, 1845, I, 98.

44. — « Nous nous trouverons ausy bien Ensemble chez le pelletier. » E. PICOT, *Rec. de sott.*, 1902, I, 22. — « Les

---

(1) Comme des renards qu'on enfume en un terrier.

regnards se trouvent tous à la fin chez le peletier. » DES PÉRIERS, éd. Jouaust, II, 70. — « Enfin l'on trouve le renard chez le pelletier et le voleur à la potence. » BOYER, 1780, s. v° *flayer*.

45. — « Il est habillé comme un renard, la peau vaut mieux que la bête. » Marne, Côte-d'Or. — « Il est habillé en renard, la peau vaut mieux que la char. » Nièvre, r. p. — « Il est le renard qui n'a que la peau de bonne. » Vaucluse, LA MADELÈNE, *Contes comtadins*, 1874, p. 88. — « Il est habillé en renard la peau vaut mieux que le charquois (*corps, carcasse*). » Deux-Sèvres, SOUCHÉ, *Prov.* — « Es vestido én modo dé réinar Val maï la pel qué dé car = *se dit d'une femme vaine et coquette.* » Gard, LAMBERT, *Chants pop. du Lang.*, 1906, I, 162. — « Ces femmes, c'est comme le renard, la pelure vaut mieux que la bête. » BURANI, *Le pompier galant*, 1898.

46. — « Lou rainart si counouïssé à la quoua. » Nice, TOSELLI.

47. — « Cado roïnal pouorto lo quouo oso fontosio. » Aveyron, DUVAL.

48. — « Per trop saber lou reinard perdet sa quoué. » Provence, XVIIe s., *Bug. prov.*

49. — « *Il viendra un temps où les renards auront besoin de leurs queues* = Il y a telles personnes qu'on méprise en un tems dont on aura besoin dans un autre. » RICHELET, 1710

50. — « Confus comme un renard à qui on a coupé la queue. » FRISON, *Avent. de Ronchonnet*, s. d. (vers 1895).

« Tout renard qui a perdu sa queue n'a honte de montrer son derrière, *se dit des gens qui ont déjà eu des torts.* » Aude, c. p. M. P. CALMET.

51. — « *Vulpecula* = homme timoré. » l. du m. â., Du C. — « *Volpilh* = lâche; *volpilhia* = lâcheté. » anc. prov., Bartsch, *Chrestom.*, 1892, col. 600. — « *Gopillier, goupillier* = fuir, se dérober, avoir peur. » anc. fr., God. — « *Volpilhatge* = poltronnerie, lâcheté. » anc. languedoc., Azaïs, *Brev.* — « *Volpillo* = lâche, trompeur. » anc. prov., Rayn. — « *Volpillio es aigla que voutor pren* = lâche est l'aigle que le vautour prend. » anc. provenç., Quitard, *Proverbes*, 1860, p. 319. — « *Pelaut* (= penaud) comme *un renard enfermé.* » Cl. Gauchet, 1583, éd. Bl., p. 269. — « Ils s'en retournent la queue entre les jambes ainsi que regnards descouvers et loups abbayez. » Allard, 1605, f[et] 193, r°. — « *Se retirer comme les renards, la queue entre les jambes* = se retirer confus. » Richel., 1710. « S'en aller la queue entre les fesses, comme un renard. » Poitou, XVIIe s., *Rev. d. tr., p.*, 1905, p. 234. — « *Fouinà coumé un réynar* = s'enfuir à toutes jambes. » Provence, Mistral. — « *Espaurugat couma una couéta de rainard.* » Montpellier, *Arman. mountpel.*, 1896, p. 38. — « Paouruc coumo une cougo dé mandro. » Aude, Laffage. — « Paouruc coumo uno mandro. » Tarn-et-G., c. p. M. A. Perbosc.

52. — « J'en suis logé aussi bien que vous à la levrette et attrappé comme un renard. » texte de 1641, Fournier, *Var. hist.*, X, 8.

53. — « Me voilà pris comme un renard dans un bled. » Drachir d'Amorny, *Carabinage*, 1616, p. 30.

54. — « Il jouit de son reste comme un vieux renard sur ses fins. » De Foudras, *Jacques de Brancion*, 1874.

55. — « Il est léans plus rechigné Que n'est ung regnard parbouilly. » *Catholiques œuvres*, 1541, I, f[et] VII, verso.

56. — « Douloureux et bareteux comme le renart. » *Cy est le compost des bergiers*, 1496.

57. — « Se chauffer au soleil comme un renard adossé à une pierre. » H^{tes}-Pyr., c. p. M. Camélat. — « *Faire le goupillon* = faire le paresseux. » Loc. fr., Duez, 1678.

58. — « Faire la goulpete = *f. l'école buissonnière.* » langued., P. Borel, *Tres. d. rech.*, 1655, p. 506. — « *Faire le renard* = même sens. » Saint-Brieuc, c. p. M. E. Ernault. — « *Aller en renard* = même sens. » Pléchatel (Ille-et-V.), Dott. et Lang. — « *Renarder* = même sens. » Char.-Inf. Jônain. — *Renard* = celui qui attend le dernier délai pour faire ses Pâques. » Pléchatel (I.-et-V.), Dott. et L.

59. — « *Regnarder* = se mettre à l'écart pour ne pas être vu. » La Noue, *Dict. des rimes*, 1624, p. 38.

60. — « Goulut coumo uno mandro (*gourmand comme une renarde*); puto (*putain*) coumo uno mandro. » Lot, c. p. M. A. Perbosc. — « *Vieille gaulpe* = femme vieille et méchante ». *Vraye médecine de maistre Grimache*, s. d. (xvie s.), p. xxxi. — *Gaupe* = putain », xve s., Du C. — « *Gauper* = faire le vilain, le sot ». La Noue, *Dict. des rimes*, 1624, p. 112. — « Cette fille s'est laissée *gauper* = séduire, débaucher. » Centre, Jaub. — « *Gaoupo*, f., *gàmpo*, f. = femme malpropre, salope, souillon ; *règussado coumé uno gaoupo* = retroussée indécemment ». Provence, Mistral.

61. — « Crier comme une renarde chaude. » Avranchin, Le Héricher, *Sobr. de N.*, 1890, p. 58.

62. — Vomir, en parlant d'une personnne, se dit : *renarder*, *faire un renard*, *piquer un renard*, français.

r'nâdé, *r'nôdé*, wallon, c. p. M. J. FELLER.
érnardé, Valenciennes, HÉC.
rënalhé, Pays de Vaud, CALL. — Genève, HUMB.
fày'ré lou réy'nar, *éscourtéjà lou réy'nar*, provenç., MISTR.
escorcher le regnard, anc. franç, CORDERIUS, *Sententiæ proverb.*, 1546, p. 87.
écorcher le renard, franç. [Sur cette loc. voy. DIDRON, *Ann. archéol.*, 1845, p. 19.]

« Ces bonnes gens rendoyent là leurs gorges devant tout le monde comme s'ils eussent escorché le regnard. » RABELAIS, *Pantagruel*, 1533, § IX. — « Escorcher, à faute de peletier, le renard = vomir. » CHOLIÈRES, *Apres dinées*, 1587, p. 9. — « Il n'y a si bon cœur qui ne tire au regnart et qui ne l'escorche par faute de peletier = *tout le monde a envie de vomir.* » XVIe s., G. BOUCHET, *Serées*, éd. Roybet, III, 301. — « *Renârder tripes et boyaux* = vomir beaucoup. » Belg. wall., *Dict. des spots.* — « *Renarderie* = vomissement. » FUSI, *Franc archer de l'égl.*, 1619, p. 525. — « *Renaidjun* = matières vomies. » Montbéliard, CONT. — « *Queue de renard* = vomissement. » CUISIN, *Cabarets de Paris*, 1821, p. 19.

63. — « *L'ambre est renardé* = est éventé. » *Dict. de Tr.*, 1752.

64. — « Voilà du vin *qui renarde* = qui a contracté mauvais goût. » Valenc., HÉCART.

65. — « *Avé lou reïnard* = avoir ses menstrues, en parlant des femmes. » Provence, MISTRAL.

66. — Refuser une nourriture après l'avoir flairée, se dit : *renauder*, Belfort, *Rev. d'Alsace*, 1879, p. 337.

67. — Etre vexé, être en colère, chercher querelle, se dit : *renauder*, Belfort, *Rev. d'Alsace*, 1879, p. 337. — argot,

BRUANT, 1901. — « Je renaude de quitter si gentille société ». ROGUENANT, *Le grand soir*, s. d. (vers 1890).
arnauder quelqu'un, anc. franç., GOD.
être à renaud, pousser du renaud, argot, BRUANT, 1901.

« *Renaud* = réplique irritée. » argot, *Gazette grivoise* du 18 mars 1882. — « *Arnaud* = furieux. » argot, *Tintamarre* du 23 juin 1872

68. — « *Tirer au renard* = faire une chose de mauvaise volonté. » Eure, VERGER. « Tirer au renard = *faire croire qu'on a une raison pour éviter une corvée.* » argot militaire, *La Gaudriole*, 1883, 2me semestre, p. 294. — « *Tirà aou rinar* = se dit de quelqu'un qui se dérobe au travail par fainéantise, à la conversation par hypocrisie ; qui quitte le café subrepticement pour ne pas payer son écot, etc. » Gard, c. p. M. M. RÉGUIS.

« On dit qu'un cheval *tire au renard* lorsqu'il recule quand on le prend par la bride ou quand il tire sur sa longe à l'écurie. » Allier, c. p. M. J. DUCHON DE LA JARROUSSE.

69. — « *Faire le renaud* = manger les restes le lendemain d'un repas de noces. ». Bordeaux, *Rev. des tr. pop.*, 1903, p. 532.

70. — « Il est fol sans faille, Et pour neant travaille Qui couche regnart. » *Dictz de Salomon avec responces de Marron*, s. d. (vers 1510).

71. — « C'est signe de pluie lorsque *les renards font au four*, c.-à-d. quand on voit les brouillards se traîner le long des

côtes. » Franche-Comté, PERRON, *Prov.*, p. 26. — « On appelle *rena* un brouillard qui remonte et occasionne souvent la pluie. » Doubs, ROUSSEY. — « Les renards font la biée = *les r. font la lessive* ; se dit quand les vapeurs de la rivière montent jusqu'à la forêt. » Bords de la Semoy (Belg.), *Wallonia*, 1903, p. 179. — Même locution dans la Nièvre.

72. — « Quand le renard jappe c'est pour de la pluie. » Bas.-Val., GILL.

73. — « *Vulpes*, *vulpecula* = machine de guerre ». l. du m. â., DU C.

74. — « *Renard* = grès ferrifère. » Loire-Inf., Ed. RICHER, *La Rivière d'Erdre*, 1820, p. 40.

75. — « *Pierre de renard* = salard, espèce de bloc de pierre ». J. CHAPRON, *Invent. de l'arrondiss. de Châteaubriant*, 1901, p. 7.

76. — « *Queue de renard* = C'est le nom d'une longue traînasse de racines qui entrent dans les tuyaux de conduite et les engorgent, et qu'on en retire au moyen d'une sonde à tire-bourre. » MORISOT, 1814.

77. — « *Renard* = C'est dans les bassins ou réservoirs, une petite ouverture ou fente par où l'eau se perd, et qu'on a de la peine à découvrir. » MORISOT, 1814.

78. — « *Queue de renard* = aspersoir ou goupillon, » doc. de 1705, ASCLÉPIADE, *Vieux usages de Langres*, 1865, p. 17. » « Le goupillon est un instrument garni de tous sens de soies de porc ; il sert à l'église où il a remplacé la *queue de renard* et dans les maisons où il sert à nettoyer les

retraits. « SAVARY, 1759. [Malgré l'apparence le mot *goupillon* dans ce sens, n'a rien à faire avec *goupil* (= renard); les anciennes formes de *goupillon* (= aspersoir) sont *guespillon*, *guepillon*, *éguipillon*, *guipeillon*.]

79. — « *Vulpina* = alopécie, maladie des cheveux. » latin du moy. âge, GOETZ. — « *Alopecia*, *allopicium*, *alloparia* = chute des cheveux : *alopicosus*, *alapicosus*, *alapiosus* = chauve ». l. du m. â., DIEF. — « Alopecie vient du grec *alopex* parce que les malades ont cheute de poils comme regnards » XVIe s., A. PARÉ, *Introd.*, 21.

80. — « *Renard* = forçat servant de mouchard à la police ». argot du bagne, *L'Auberge des Adrets*, 1833, II, 83.

81. — « *Renard* = contrebandier. » argot, BRUANT, 1901. — « *Renard* = apprenti dans certains métiers. » Centre, JAUB.

82. — « *Le soleil des renards* = la lune. » C.-du-N., SÉBILLOT, *Folkl. de Fr.*, I, 40.

83. — « *Crier au renard* = c'est se moquer de quelqu'un à qui on a fait une farce. » FUR., 1708 (1). — « Attacher des queues de renard aux vêtements de quelqu'un attirait sur lui la risée publique, de là l'expression *queue de renard* dans le sens de moquerie, en France au XVIIe s. » DEFRÉMERY, *Mémoires d'hist. orient.*, 1862, p. 235. — « Crier au regnard l'un sur l'autre. » COTGRAVE, 1650.

84. — « *Laisser peter le renard* (2) = envoyer le monde promener, se moquer du qu'en dira-t-on ». *Œuvres de Saint-Amand*, 1642, p. 107. — « *Pété lou rèinard !* = que le renard pette ! nargue de qui en glose ! » Provence, MISTRAL.

---

(1) Cf. TALLEMAND d. RÉAUX, éd. de 1862, VI, 204.

(2) Cf. BEROALDE de VERV., éd. Royer, II, 14.

85. — « Le regnard se voyant acculé à la chasse, met sa queue entre ses jambes et pisse dessus et en arrouse les chiens qui le laissent aller. » ALLARD, 1605, f[ot] 308, r°. — « Le renard se repaist au printemps du lazard (lézard), tant pour jeter son vieil poil que pour se rendre puant, afin que par telle puanteur les chiens ne le veuillent partoucher ni attaquer. » GRUAU, *Invention p. prendre les loups*, 1613. — « Les renards se préparent de pisser sur leurs queues pour en frotter le nez des chiens. » GAZÉE, *Pieuses récréations*, 1628, p. 84. — « C'est la ruse défensive du renard qui se voyant acculé des chiens, leur perfume le museau, faisant de nécessité vertu, pour leur faire lascher prinse. » *Fanfares des Roule Bontemps*, 1613, p. 90. — « Quand le blereau est aux champs le renard se campe dans son antre pour y faire ses ordures et villainies, pour lui faire renoncer à la place. » GRUAU, *Invent. p. prendre les loups*, 1613.

86. — « On ne prend pas aisement un renard au glu ». WODROEPHE, *Marrow of the french lang.*, 1685, p. 324.

87. — « Quand on dresse un piège quelconque au renard, s'il s'aperçoit qu'il est mis à son intention, il ne manque pas de chier dessus ou à côté. » Nièvre, r. p.

88. — « On recommande, pour les maux de gorge, la langue de *renard râpée.* » Liège, *le Chasseur français* du 1er avril 1904. — « Pour la *rose* (érysipèle) on arrache la langue à un renard vivant, on la fait bénir en l'honneur de sainte-Rose et on en met un morceau sur la partie malade ou on le met dans sa poche. » Liège, HOCK. — « Les femmes, pour se préserver des maladies et des malheurs, portent suspendus, à leurs côtés, des testicules de renard qui ont été arrachées à l'animal encore vivant. » Escoussens (Tarn), c. p. M. Ed. EDMONT. — Contre *le mal*

de mere (hystérie) prenez les génitoires d'un regnard, coupez les en deux pour les saler ; puis mettez-les dans une petite bourse que les filles et les femmes sujettes à cette maladie porteront pendue au col. » ERRESALDE, *Remedes esprouvez*, 1659, p. 279. — « Contre l'hystérie, au Ventoux, on porte, dans la poche, les testicules d'un renard. » Provence, RÉGUIS, *Mat. m.*, p. 93. — « On fait des bottines de regnardeaux pour les gouttes. » BACHOT, 1626, p. 244.

89. — « Les vieillards se chauffent les reins au feu de Saint-Jean pour être préservés du *renard*, maladie des reins, pendant le reste de l'année. » Charente, A. FAVRAUD, *Feux de la Saint-Jean*, 1893, p. 14.

90. — « *Pour conjurer les renards, on récite cette oraison* : Au nom du Père, du Fils et du Saint-Esprit, renards ou renardes je vous conjure et charme et vous conjure au nom de la très-sainte et sursainte, comme Notre-Dame fut enceinte, que vous n'ayez à prendre, ni écarter aucun des oiseaux de mon troupeau, soit cocqs, poules ou poulets, ni à manger leurs nids, ni à sucer leur sang, ni à casser leurs œufs, ni à leur faire aucun mal, etc. » THIERS, *Traité des superst.*, 1697, I, 479. — « Volps ho volpat, ieu te conjure de las par de Dius et de la Vierges Marie et de sant Peïre et sant Paul et de mossur sant Blasi comme senhor de totas las bestias del monde et de mossur sant Thony, que tu n'ages a tocar pol ni galina ni capo, ny tera alero et pel de totas autres bestias ny no ajas a intra en las partidas ny ressort ny juridision. » Languedoc, au XVIe s., H. AFFRE, *Lettres s. l'hist. d'Espalion*, 1858, II, 71.

« Pour empêcher les renards de prendre les poules, on doit prendre les os restant de la fête du Mardi gras, les porter au poulailler, dont on fait le tour plusieurs fois. Au 3e ou au 4e tour il faut semer ces os en disant : *tiens, renard, voilà ta part*. Pendant cette opération il ne faut être vu de personne ». LA COTTIÈRE, *Silhouettes de paysans*, 1860, p. 34.

« Pour éloigner le renard d'une habitation il faut préparer une omelette de douze œufs; la diviser en 4 parts; faire le signe de croix sur chaque; parcourir en courant tout l'espace du terrain à préserver et à chaque coin de ce tracé jeter à terre un des morceaux d'omelette en criant trois fois : *renard, voilà ta part! prends-la et ne reviens pas*. — Une fois l'omelette avalée en tout ou en partie par le r., celui-ci ne peut plus revenir. » La Puysaie (Yonne), *Annuaire de l'Yonne*, 1864, p. 196. — Voir d'autres conjurations contre le renard, dans DARDY, *Anthologie de l'Albret*, II. p. 367-379.

« Pour préserver les poules du renard, il faut les nourrir de grains qu'on aura eu soin de placer à la porte, la nuit de Noël. » Spa (Belg.), *Rev. de trad. pop.*, 1902, p. 374. — Le bouillon d'andouilles répandu le mardi gras autour du poulailler empêche le renard de prendre les poules pendant toute l'année. » LIZE-SERAING (Belg.), *Rev. d. tr. p.*, 1902, p. 374. — « Pour être à l'abri des déprédat. du r. il faut attacher un os, débris de la fête du mardi gras, avec une corde et la traîner autour de la maison, en faisant attention que cet os ne quitte pas la terre un instant et sans être vu par un voisin; puis le cercle tracé, jeter l'os au loin. » Bresse, RENARD, *Superstit. bress.*, 1893, p. 17.

« Si on veut que le renard ne vienne pas manger les poules, il faut faire la part du feu et chaque année *dézén-*

reïnardà c.-à-d. mettre une poule au dehors, à l'abandon, pour le *manjo-galinos*. » Gard, c. par M. P. FESQUET. — « Quand on a tué un renard on fait la quête. Il faut se garder de donner des œufs car les poules ne seraient plus en sûreté dans la maison. » Louhans (S.-et-L.), GUILLEMAUT, *Topogr. de Louhans*, 1890, p. 230.

91. — « Le r. tournant autour d'une maison annonce qu'il y aura bientôt un mort dans cette maison. » Velorcey (H. Saône), r. p. — « Rencontrer le r. présage une mauvaise nouvelle. » Fougerolles (Mayenne), r. p.

92. — « Je veux que le renard soit mon oncle si... » Espèce de juron, Franche-Comté, PERRON.

93. — « Quand li bestiàri faguèron li mes, chascun faguè lou sièu à sa fantesié. Lou reinard vengué lou darrié, car en estént que se mesfisavon d'éu, l'avien pas vougu. — Bèn ! ie diguè, coume avès fa ? — Avèn fa lou mes dit Janvié, aqui i'a de fre ; avèn fa lou mes d'Abriéu, aqui i a de plucio ; avèn fa lou mes de Setèmbre, aqui i'a de touto meno de frucho. — Eh ! bedigas ! cridè lou reinard, que noun fasias vounge (*onze*) mes de setèmbre ! passavian l'autre à rapugà ! » *Armana prouvençau*, 1860.

94. — « Vous faites comme le renard, qui ne pouvant monter sur le meurier, accusait les meures d'estres mauvaises pour son estomach. » *Le jeu de l'esbahy*, 1620, p. 7.

95. — « *Faire comme le renard de Jaunac*, qui voyant que les raisins de son village n'étaient pas encore assez mûrs, alla vendanger en Béarn. Quand il y arriva, la vendange était faite. Il revint à Jaunac pour y retrouver ses raisins, mais trop tard, car on avait également fini de vendanger. » Hautes-Pyrénées, DUPOUEY, *Questionn. archéol. des Htes-P.*, 1859, p. 70.

96. — « A la fin sera le renard moyne ». GRUTER, 1610, p. 183.

« *Faire la confession du renard* qui s'accusait d'avoir fait tomber la rosée du matin avec sa queue mais ne parlait pas des poules qu'il avait croquées. » Arrens (Htes-Pyr.), c. p. M. M. CAMÉLAT. — « Vous vous êtes confessée au renard, ma poulette. » SAINT-FOIX, *Œuvres de th.*, 1762, III, 98. — *Se confesser au renard* = confier un secret à quelqu'un qui en tirera parti pour lui-même ». Marne, c. p. M. E. MAUSSENET.

« *Bachatz-pe, garies, lou renard que ha predicà* = baissez-vous, c'est-à-dire descendez, poules, le renard va prêcher; se dit lorsqu'on se méfie de quelqu'un méditant un mauvais coup. » B.-Pyr., LESPY.

Sur le conte du loup qui confessait ses péchés au coq, voy. HERVIEUX, *Fabulistes latins*, 1896, IV, 198.

97. — Sur la légende du r. qui prêche aux poules et aux canards, voy. *l'Intermédiaire*, VII, 85, 128 et XVI, 154, 174.

98. — « Mes enfants, dit la renarde, chassez la nuit, mais méfiez-vous de la foudre qui pourrait vous jouer des tours. Un renardeau dit : *il n'y a pas de tonnerre sans éclair ni d'éclair sans lumière, je pourrai mieux voir les poules.* Il alla un jour d'orage dans un poulailler où il faisait noire nuit. A chaque éclair il se rapprochait des poules et disait à l'éclair : *éclaire, éclaire encore, que je puisse choisir.* Mais à ce moment la foudre tomba sur lui, l'échauda et lui enleva la queue. *Eh bien!* dit-il, *je saurai qu'en temps d'orage, il faut se garer.* » Gers, *Armana de Gascogne*, 1905, p. 40.

« C'était pendant une nuit d'orage. Un renard était au pied d'un figuier et chaque fois qu'il éclairait il ramassait les figues qu'il pouvait voir. Comme il tonnait très fort, cela le gênait et il disait au temps : *éclaire*, *éclaire*, *ne tonne pas !* — Il éclaira si bien que l'animal eut la queue brûlée. Le renard s'écria alors : *tonne*, *tonne*, *n'éclaire pas !* » H.-Pyr., M. CAMÉLAT (dans *Reclams de Biarn*, 1907, p. 116.)

Sur le renard qui cueille des figues à la clarté des éclairs, voyez CAMÉLAT (dans *Mélusine*, X, col. 268.)

99. — « Avant de passer l'eau gelée, le renard écoute, l'oreille collée à la glace, s'il entend l'eau ruisseler en dessous ; en ce cas il ne passe pas, mais s'il n'entend rien, il passe. » Voyez *Descript. du voyage de Guinea*, 1605.

100. — « Tu fais le miclos en renard qui feint s'endormir dans le sable, où ne paroît que le bout de sa langue au soleil, jusques à ce que quelque volaille s'amusant à becqueter comme si c'estoit quelque vermisseau ou retailleure de cuisine, elle se trouve happée et aussitost engloutie. » FUSI, *Mastigophore*, 1609, p. 63.

101. — « Chacun sçait le traict du regnard et comme il contrefait le mort quand il veut attraper les poules. » J. BOUCHER, *Sermons de la simulée conversion de Henry de Bourbon*, 1594, f[ol] 10, r°. — « Vous ressemblez au renard qui contrefait le mort afin d'estre jetté sur la voiture des pescheurs, puis s'estant bien emply le ventre, se mocque d'eux. » LARIVEY, *Comédies facétieuses*, 1601, p. 538.

« La volp se fa morta en cami e cobri se de terra roja, per tal que semble sancnoza e ten la lenga tracha et esta enversa ; e venon las pigas e cujon se sia morta e picon li la lengua ; et ela gieta sas dens e sas arpas e pren las pigas e las devora. » BARTSCH, *Provenç. Leseb.*, 1855, p. 166.

102. — « Quand le renard veut se débarrasser de ses puces, il entre dans l'eau, pas à pas, le derrière le premier. Les puces, pour fuir le liquide, remontent jusqu'au bout du museau garni préalablement d'une provision de mousse. Quand il croit le moment venu, il plonge et abandonne la mousse avec les puces qui s'y sont attachées. » DE CUINGHIEN, *La sauvegarde des abeilles*, 1771, p. 317. — Cette même anecdote se trouve dans le *Gil-Blas illustré* du 1er nov. 1891 et dans *l'Armana provençau*, 1871, p. 85.

103. — « Un Renard se sentant mordre des puces, recourut à la riuière, à l'accoustumée, auec la paille dans la bouche, il vid sortir vn ecreuice du trou, à laquelle il parla ainsi : Il y a longtemps que i'ay envie de te voir marcher; laquelle luy voulut complaire, et la voyant reculer çà et là, il se mit à rire, et l'injuriant il luy dit, qu'elle estoit une broüillonne, et que si elle vouloit sortir de l'eau il luy montreroit à marcher, elle luy répondit qu'elle n'estoit pas si grande idiote de se fier à luy, et le croire ; neantmoins après luy auoir promis des montagnes d'or elle en sortit, et le premier discours qu'ils eurent, ce fut qu'il avoit faim, dont incontinent l'ecreuice eut un frisson de peur, voyant fort bien son dessein : il se mit à gager que des deux coureroit plus fort ; l'ecreuice accepta le party, à condition qu'il luy donneroit auantage de la longueur de sa queuë ; estans d'accord elle s'y accrocha auec ses pattes auant qu'ils se missent à courir le long de la riuière : le renard en se tournant avec grande haste, l'ecreuice lascha les pattes, se laissant ietter dans le fleuue, et y flottant elle se moquoit de luy. » JULLIANI, *Proverbes divertissans*, 1659, p. 78-81. (Le conte se trouvant dans cet ouvrage en trois langues, français, italien et espagnol, sur trois colonnes,

il est difficile de savoir quelle est la langue de l'original.

104. — Sur le point d'être mangé par le loup, le renard détourne le danger en lui montrant dans l'eau le reflet de la lune et en lui disant que c'est une jeune fille qui se baigne laquelle sera meilleure à croquer. Le loup se précipite dans l'eau et se noie. Voir *Rev. d. tr. pop.*, I, 303. — Un jour le renard montre au loup la lune dans l'eau et lui dit que c'est un fromage, Le loup s'élance, l'eau remue et la lune disparaît. *Bois toute l'eau*, dit le renard. Le loup boit ; arrive un nuage et la lune disparaît de nouveau. *Tu as avalé le fromage sans t'en apercevoir*, dit le renard. Voir ARNAUDIN, *Contes de la Grande Lande.*

105. — « Un renard ayant montré au loup la lune au fond d'un puits, lui dit que c'était un fromage et l'engagea à descendre pour le prendre, pendant qu'il le tiendrait par la queue. Le loup y consentit. Tout d'un coup le renard dit : *lipo! lapo! la co m'escapo!* et il laissa le loup tomber à l'eau et se noyer. » MISTRAL, II, 187.

106. — « Le renard fut un jour invité par le loup qui mariait sa fille. A la maison le renard découvrit l'armoire aux confitures et les mangea toutes. Vivement pressé par l'envie de chier, il se soulagea entre les fesses du loup endormi ; celui-ci fut accusé du péché de gourmandise. » Nièvre, r. p. — Cf. MEYRAC, p. 459.

107. — « Un jour, un renard poursuivi par un chasseur entra chez un paysan et lui dit : *cache-moi et je te promets de ne jamais plus manger tes poules.* Le paysan le cacha dans un tonneau. Arrive le chasseur : *vous n'auriez pas vu un renard que je chasse? — Non*, répondit le paysan ; mais tout en disant *non*, il désignait du doigt l'endroit où

était retiré le renard. Le chasseur ne vit pas le mouvement et s'en alla. Quelques instants après le paysan rendit la liberté à l'animal en lui disant : *mon cher, tu vois comme j'ai été gentil avec toi, j'espère que tu ne mangeras plus mes poules et que nous serons une paire d'amis.* Le renard répondit : *oui, tu as de belles paroles, mais de foutus gestes !* Il avait vu par le trou de la bonde du tonneau, le geste de dénonciation. » Basses-Pyrénées, r. p. — Sur cette fable voy. L. Hervieux, *Fabulistes latins*, passim. (Dans certaines variantes le loup remplace le renard). — Lalanne, *Coundes*, 1890, p. 107; *Era bouts dera mountanho*, 1906, p. 223.

108. — « Une poule couvait. Un renard lui vint annoncer que ses parents la réclamaient, assez loin de là, pour je ne sais plus quelles graves affaires. La poule tremblait pour ses œufs, son unique espérance. Le renard, vrai tartufe, se chargeait de les garder sans y donner le moindre coup de dent. Jure-le, dit la poule. Je fais serment, dit le renard, que, de neuf jours ni de neufs nuits, je ne croquerai tes œufs. Et la poule rassurée partit. Lors, maître renard se mit à fermer les deux yeux, puis à les ouvrir; et quand il avait les yeux fermés, il disait : *Bitare qu'ey noeyt*, et en les rouvrant : *Bitare qu'ey dic.* Neuf fois il fit la même grimace, en répétant : *Bitare qu'ey noeyt; bitare qu'ey dic.* Et après la neuvième fois, la conscience tranquille, il dévora tous les œufs. » Conte béarnais, *Revue d'Aquitaine*, 1858, p. 209.

109. — « Vulpes, volens aquam transire, promisit nauclero mercedem ut per navem transferret eum. Nam nauclerus, vulpem in navi ultra flumen transportans, mercedem postulavit. Cui vulpes : Bene dabo. Et mingens super

caudam suam aspergit in oculos naucleri qui ait vulpi : Pessimam michi reddidisti mercedem. » Fable du moyen âge, L. HERVIEUX, *Fabulistes latins*.

« Un renard poursuivi par les chiens arriva à une rivière large et profonde qu'il n'osa pas traverser à la nage. Il appela un passeur qui se trouvait là, et lui dit : *Veux-tu me passer de l'autre côté ? Je n'ai pas d'argent pour te payer, mais en revanche je te dirai trois vérités qui te feront joliment plaisir à entendre.* — *Soit* ! répondit le passeur qui poussa sa barque près de terre et le renard y sauta. Quelques moments après le renard lui dit : *la nuit n'est pas le jour, quelque lune qu'il fasse.* — *Ah* ! répondit le passeur, *cela est bien vrai.* Ils arrivèrent au milieu de l'eau ; alors le renard reprit : *Jamais la vinasse* (lou binat), *si bonne fût-elle, n'a valu le bon vin.* — *C'est la vérité*, répondit le passeur. Quand la barque fut arrivée le renard tout guilleret sauta à terre et se retournant dit : *Voici ma troisième vérité : Si tout le monde te paye comme moi, tu ne deviendras jamais riche* ! — *Tu as raison, mais tu es un fameux fripon*, répondit le passeur. » Landes, c. p. M. J. de LAPORTERIE. — Dans une variante béarnaise de ce conte, publiée dans LALANNE, *Coundes*, 1890, p. 110, les trois vérités alléguées par le renard sont : 1° Pour claire qu'elle soit, la nuit ne sera jamais le jour ; 2° Jamais la méture ne vaudra le pain ; 3° Si tous te payent comme moi, tu ne deviendras jamais riche.

110. — Sur la fable de LA FONTAINE, *Le Renard et l'Écureuil*, publiée dans le *Recueil de Conrart*, voyez ED. FOURNIER, *L'esprit des autres*, 1881, p. 131.

111. — Sur la fable de La Fontaine *Le Loup et le Corbeau*, voy. L. HERVIEUX, *Fabulistes lat.*, passim ; A. ROBERT,

Fables inédites, I, 5-12 ; SOLVET, *Études sur La Fontaine*, 1812, 4-9 ; L. CONSTANT, *Marie de Compiègne*, 1876, 15-17. (Dans une variante, c'est le coq perché sur un arbre qui joue le rôle du corbeau.).

112. — Les contes relatifs au *renard* sont très nombreux. Nous renvoyons le lecteur aux ouvrages suivants :

ERNEST MARTIN, *Le Roman du Renart*, Strasbourg, 1882-1887, 4 vol. in-8.

Léopold SUDRE, *Les sources du roman de Renart*, Paris, 1892.

Gaston PARIS, *Les sources du Renard par L. Sudre* (dans *Journal des savants*, 1894-1895.)

P. SÉBILLOT, *Folklore de France*, III, 63, 64.

113. — « Compère, qu'as-tu vu ? — J'ai bien vu z'un renard Qu'aiguisait son dard Pour faucher un pré. — Compère, vous mentez. » Fragment de chanson pop., Nièvre, r. p.

114. — JEUX :

« *Vulpes* = alcaé species, le jeu du renard. » lat. du moy. â, Du C. — « *Jouer aux regnards.* » RABELAIS, *Garg.*, I, 22. [LE DUCHAT, *Œuvres de Rab.*, 1741, I, 80 en note dit que c'est le jeu de la poule et du renard, quand une dame qu'on appelle *le renard* attaque et prend 12 points qui sont les *poules.*] — « *Jeu du renard ou du loup* = jeu qui se joue sur un damier. » BLANCHEMAIN, *Friquassée crotest.* 1878, p. 62. — « Jouer à escorcher le renard. » RABELAIS, *Garg.*, I, 22. [LE DUCHAT, *Œuvres de Rab.*, 1741, I, 82, en note, dit qu'il ne sait pas quel est ce jeu.] — « Hunt the fox to the hole = *a children's play.* » anglais, BOYER, 1780. — Sur certain *jeu des renards* voyez *L'Intermédiaire*, XV, 7, 105.

115. — *Devinettes* : « Esçharpica esçharpiquéoou, Coude

lounque que le gouardèbe; Chét minye-bren, Esçharpica sere astat estrem = *Égratigne* (la poule), *Queue longue* (le renard) *la tenait en observation* ; *Mange-bran* (le porc) *arrive et Égratigne est sauvée.* » Landes, V. Foix, 1890, p. 25. — « Pourquoi le renard ne mange pas le blanc de chapon ? Parce qu'il n'a patience qu'il soit cuit. » La Noue, *Dict. des rimes*, 1624, p. 237.

116. — *Symbolique.* — « Sous l'image d'un renard, on écrit emblématiquement : *Simul astu et dentibus utor* = je me sers de tous les moyens pour ma défense. » P. Giovio, *Ragionam. sopra i motti*, 1556, p. 102.

Pour le renard dans la symbolique chrétienne, voyez Cahier, *Caractéristique des saints*, 1867, II, 728-729 ; Cahier, *Nouv. mélanges d'archéol.*, 1874, p. 144.

117. — *Héraldique.* « *Golpil en bien conselt* (= renard est de bon conseil) = devise de la famille Renard de Bussy. » De Bessas, *Légend. de la noblesse*, 1865, p. 147. — « *Fide sed cui vide* = devise des Van Iddekinge qui ont dans leur blason un levrier affrontant un renard. » O'Kelly.

Pour le renard dans l'hérald., voy. Geliot, 1660, II, 568.

LES CÉTACÉS ET LES PHOQUES

Balaena (*genre*) (LINNÉ.) — LA BALEINE.

(Voy. *Faune pop.*, t. I, p. 171).

1. — Noms de l'animal :

cetos, *balaena*, *bellua marina*, latin de PLINE.
cetus, *cete*, *balena*, *balnea*, *balenea*, *baleria*, *balera*, *palina*, l. du m. â., DU C. ; DIEF. ; WRIGHT.
norena, l. du m. â., DIEF. (Identification incertaine ; le mot est traduit par *walefisch*.).
baleia, f., anc. gascon, anc. béarnais.
balain, m , *balainne*, f., *baulaine*, f., *baulonne*, f., *beloine*, *baleingne*, f., anc. franç.
baileuwe, f., Lille, en 1338, GOD.

2. — La jeune baleine est appelée :

timbrelius, l. du m. â., DU C. (Identification incertaine ; le mot est traduit par *parvus cœtus*.).
balenon, *baleinon*, *balenat*, *balenot*, *balinot*, *baleineau*, anc. franç.
baleiat, m., ancien bayonnais, *Livre des établiss.*, Bayonne, 1892, p. 249.
baleton, m., Quillebeuf (Eure), ROBIN.

3. — Toponomastique :

La Baleine, localité en 1780, Dubosc, *Arch. civ. de la Manche*, 1865, I., 41.

La Conche des Baleines, *Le Phare des Baleines*, *Le Phare des Baleineaux*, *La Pointe des Baleines*, localités de l'île de Ré.

4. — Enseignes :

A la Baleine, anc. ens. à Reims, Jadart, *Vieilles rues de Reims*, 1897, p. 90; anc. ens. à Mézières, Laurent, *Rues de Méz.*, 1888, p. 8.

A la Cotte de Ballayne, ens. rue des Bourdonnais à Paris, en 1540, Campardon, *Registres du Châtelet*, 1906, p. 48.

« *La Cour de la Baleine*, à Arras est ainsi nommée à cause d'une enseigne sculptée en ronde bosse représentant une baleine. » D'Héricourt, *Rues d'Arras*, 1850, I, 170.

5. — Onomastique :

Baleine, nom de famille au XIIe s., Longnon, *Doc. relat. aux comtes de Champ.*, 1901, I, 21. Ce nom de famille *Baleine* existe encore de nos jours ; voyez *Journal offic.* 1906, page 2715.

De la Ballaine, nom de famille en 1541, Campardon, *Registres du Châtelet*, 1906, p. 47.

6. — « *Balaneria, balanerium, balingera, balingaria, balingarius, balinguerius*, = bâteau servant à la pêche de la baleine. » lat. du m. â., Jal. — « *Balinière, balener, ballenger, ballenjer, nef balenghière* = même sens. » franç. du m. â., Jal. — « *Baleinier* = même sens » Clairac, *Us et cout. de mer*, 1671, p. 127; etc. etc.

« *Balenatio* = pêche de la baleine. » Du C. — « *Baleysson*, f., = même sens. » Bayonne, au moy. âge, *Livre des établiss.*, Bayonne, 1892, p. 400. Voyez divers passages relatifs à la pêche de la baleine, au moyen âge, dans Franc. Michel, *Hist. de la guerre de Navarre*, 1856, p. 362, en note.

7. — « On appelle *balenas*, m., le membre de la baleine qui sert à la génération. » Richelet, 1710. — « On nomme *évents de la baleine* une ouverture qu'elle a au-dessus des fosses nasales et par laquelle elle rejette l'eau. » Littré. — « On appelle *bras* ses nageoires. » Cleirac, *Cout. de mer*, 1661. — « On nomme *fanons*, *barbes de baleine*, *coste de baleine* des lames larges, épaisses et très longues qui se trouvent à la partie supérieure de la mâchoire des baleines. » *Dict. de Trév*, 1752 et Savary, 1741.

« *Barbillon* = fanon de la baleine, dont on fait les moules de robes aux femmes ou des vasquines. » Bruneau, *Hist. de voyages périlleux*, 1599, p. 142. — « *Coste de baleine* = baleine à corset. » Belon, 1555. — « On appelle *baleines* les fanons de la baleine qui servent à mettre dans les corps de jupe ou à faire des parasols, des éventails, des busques, des baguettes, etc. » Furetière, 1708. — « Il se tordait comme une baleine de parapluie = il riait à se tordre. » *Paris la nuit*, journal, 1891, p. 572. — « Rire comme une baleine. » *Le Tintamarre du 29 nov.* 1863. — « *Un landau à baleines* = un parapluie qui remplace la toiture pour être à l'abri. » argot, *Jargon ou langage de l'argot*, s. d. (vers 1630), réimpr. de Techener, 1831, p. 22. « Pour faire et forgier la garnison d'argent d'une verge de ballaine. » doc. de 1351, Laborde, 1853, II, 157.

8. — *Le blanc de baleine* ou *spermaceti* est appelé :

esparme de balene, anc. fr., PHILIATRE, *Trésor des remèdes*, 1555, p. 155.

nature de baleine, f., anc. fr., LOUYSE BOURGEOIS, *Observ. sur la stéril.*, 1609, f° 82 r°

semence de baleine, f., Joseph DU CHESNE, *Pharmacopée*, 1629, p. 159.

« Cette drogue fut à l'origine fournie par les baleines et tirée de la mer glaciale. C'est seulement à la fin du XVII° s. qu'on sut extraire du cachalot ce qu'on appelle aujourd'hui *sperma ceti*. Les mots *blanc de baleine*, *nature de baleine* ou *sperma ceti* ont désigné successivement deux composés chimiques qui n'ont de commun que d'exister dans la graisse des cétacés. » G. POUCHET, *Contribution à l'histoire du sperma ceti* (dans *Bergens Museum Aarbok for 1893*, *Bergen*, 1894, pp. 1 à 25.) — (Cet article, publié *en français* dans une revue norvégienne, est très curieux pour l'histoire des cétacés en Europe depuis le X° s. apr. J. C.) — Sur le blanc de baleine, voyez encore : POMET, 1694, chap. 31.

9. — « *Baleine* f., en termes de mer, lame qui passe accidentellement par dessus le bord. Aspersion d'un seau d'eau jeté sur un matelot qui s'endort. » LITTRÉ.

10. — « *Côte de baleine* = terme d'architecture au XVIII° s., nervures de la voussure ogivale. » BARON, *Descr. de la cathédr. d'Amiens*, 1900, p. 67.

11. — « *La baleine sonde*, se dit de la baleine quand elle plonge verticalement. » DE FREYCINET, *Voyage autour du monde*, 1827, I, 504.

12. — « *Boire comme une baleine* = boire beaucoup. » CHASLES,

Avent. du capit. Pétaillon, 1891, p. 5. — « Gueuler comme une baleine. » *La Gaudriole*, 1891, p. 421. —

13. — « Il est à présumer qu'il faudrait plus d'une livre de beurre pour fricasser une baleine. » DESLAURIERS, *Prologues sérieux*, 1610, f[t] 64, r°.

14. — « Dins la resclaouso d'un moulin Non s'es jamay pesca baleno. » Provence, XVIIe s., *Bugado pr.*

15. — « Diéou nous gardé doou brand (*choc*) dé la baléno Emaï doou cant dé la Séréno. » Provence, MISTRAL. — « *Diou sé gouardi dé la coude dé la balène Et dou cant de la Sérène*. = Dieu nous garde de la queue de la b. et du chant de la sirène. » B. Pyr., LARROQUE, 1897. — « Déliourat-nous, Sègnou, Dou cop de coude de la balène, Dou cantit de la Sirène Et dou cluché de Mimizan. » Landes, FOIX, *Sorcières et loups-garous*, 1904, p. 64.

16. — Quand la baleine a faim elle ouvre la bouche ; il en sort un parfum qui attire à elle toutes sortes de poissons. Voyez à ce sujet : *Annuaire de l'assoc. des études grecques*, 1873, p. 217 ; G. RAYNAUD, *Poème moralisé sur les propr. des choses*, 1885, p. 30. — « Avec un ambre gris la baleine attire les poissons pour les dévorer. » J. P. CAMUS, *Homélies festives*, 1625, p. 544.

17. — « Un homme, avec la permission de Dieu, peut vivre dans le corps d'une baleine, comme cela est arrivé à la sœur du pauvre Dric Drôle. » Franche-Comté, PERRON, *Prov.*, p. 146. (C'est sans doute une allusion à quelque conte de marin.) — Sur JONAS ET LA BALEINE voy. GUENEBAULT, *Diction. iconographique*, 1843, aux mots *Jonas* et *Baleine*. — C'est à tort qu'on dit Jonas avoir été avalé par une baleine, animal qui ne peut avaler que de petits

poissons. Il est question dans la Bible d'un monstre marin, mais rien n'indique que ce soit une baleine.

18. — On raconte souvent au moyen âge que l'on faisait des établissements, des constructions, etc., sur le dos d'une baleine immense et cela sans s'en douter. Voir à ce sujet : R. KOEHLER, *Der Fisch Celebrant* (= cete grande) dans *Germania*, 1883, pp. 9-11 ; WAHLUND, *Altfrans. Prosaübersets. von Brendans Meerfahrt, Upsal*, 1900, 239-243 ; *Annales de Bretagne*, 1907, p. 41, en note.

19. — « Les pescheurs de Guyenne donnent, par dévotion, à l'église, les langues des baleines et balenons qui est la partie de la beste la meilleure à manger et semble du lard. » CLAIRAC, *Us et cout. de la mer*, 1671, p. 119.

20. — « Comme la baleine qui s'aveuglant de graisse, suit un petit poissonneau qui la guide partout. » BINET, *Œuvres spirit.*, 1620, p. 18.

21. — *Symbolique*. Pour la baleine dans la symbolique chrétienne, voyez : CAHIER, *Nouv. mélanges d'archéol.*, 1874, p. 120.

22. — « Le moyen âge a presque toujours donné à la gueule des enfers un aspect de monstre marin (*baleine*). » CAHIER, *Nouv. mél. d'archéol.*, 1874, p. 245.

Balaena Mysticetus (LINNÉ.)

balaena major, nomenclature de SIBBALD.
balaena vulgaris, *balaena groenlandica*, nomenclature de BRISSON.
baleine franche, *baleine américaine*, *baleine arctique*, français,

Balaena Boops (Linné.) — LE GIBBAR.

balaenoptera jubartis, nomenclature de Lacépède.
gibbar, m., Saintonge, Rondelet, 1558. [Le mot signifie *bossu*.]
rorqualus boops, nomenclat. de Cuvier.
baleine des Basques, franç., D'Orbigny.
bayfard, m., anc. fr., Chr. de Gamon, *Création du monde*, 1609, p. 152.
poisson jupiter, franç., Anderson, *Hist. nat. d'Islande*, 1750, II, 93.

Balaenoptera rorqual (Lacépède.) — LE RORQUAL.

souffleur, *rorqual*, français. (*Rorqual* est un mot scandinave).
fausse baleine, f., Frédol, *Monde de la mer*, 1866. p. 626.
capdoille, m., *capdol*, m., anc. fr., traduct. de Marco-Polo, citée par Texier, *Dict. d'orfèvrerie*, 1857, p. 83.
capidoglio, italien, Rondelet, 1558.
cao d'euggio, *cua d'euggio*, Gênes, *Descrizione*.

Balaenoptera acuto-rostrata (Lacépède).

musculus, lat. du XIIIe s., Scheler, *Trois traités*.
balaena musculus, nomenclat. de Linné.
baleine à bec, franç., Lacépède, *Hist. nat. des cétacés*, an XII.

Orca gladiator (Lacépède). — L'ÉPAULARD

orca, lat. de Pline.
phocaena orca, nomencl. de Cuvier.
delphinus grampus, nomencl. de Hunter.

grampus orca, nomencl. de LILJEBERG.
organa, f., marseillais latinisé, GILLIUS, 1533, p. 570.
orque (1), f., ancien fr., DUEZ, 1664.
dorga, f., languedoc., MARCHAND, *Voyage autour du monde*, An VII, II, 367.
dorque, f., anc. fr., DU PINET, 1625, I, 255.
oudre, m., *outre*, m., *neutre*, *ouette*, fr., *oudreau* (le jeune animal), anc. fr., BELON, *Poiss. mar.*, 1551.
grand marsouin, m., anc. f., BELON, 1555.
covie, f., anc. fr., GOD., II, 351. (Identificat. incertaine.)
espaular, m., Saintonge, RONDELET, 1558.
espaart, m., anc. fr., *Bibl. de l'éc. d. chartes*, 1849-1850, p. 429.
espadin, m., franç., COPPIER, *Voyage*, 1645, p. 95.
espadon, m., franç., DE FLACOURT, *Hist. de Madagascar*, 1658, II, 220.
espadron, m., franç., LEGUAT, *Voyages*, 1721, I, 32. « Les marins parlent souvent du combat de l'espadron et de la baleine (2). »
sponton, m., franç., DANCOURT, *Voyages de Le Maire*, 1695, p. 111.
glaive, m., anc. fr., J. BODIN.
poisson à sabre, franç., DE PAGÈS, *Voyages*, 1782, II, 142.

Le mot *hourque* = espèce de grand navire, au moyen âge, (voir P. PARIS, *Manuscr. fr.*, V, 446), semble avoir un rapport avec le cétacé appelé *orque*.

(1) Ch. de GAMON, *Création du monde*, 1609, p. 152, dans une liste de cétacés donne *arque*, masc. — Est-ce une faute de copie ou d'impression pour *orque*?

(2) « On croyait autrefois chez les Latins que l'orque s'attaquait à la baleine et la dévorait par le ventre. » CLAIRAC, *Us et cout. de mer*, 1671, p. 126.

Physeter mular (Lacépède). — LE MULAR.

cauderia, lat. du moyen âge, Du Cange.
physeter tursio, nomenclature de Linné.
delphinus tursio, nomenclature de Fabricius.
calderon, m., anc. franç, Gillius, 1533, p. 547.
cauderon, m., anc. franç, Du C.
chauderon, m., anc. fr., doc. de 1520, Estancelin, *Voyages des Normands*, 1832, p. 262.
coudin, caoudués, coudriéou, provenç. mod., Réguis, *Mamm.*
cauerat, m., Bayonne, au moyen âge, *Livre des établissem.*, Bay., 1892, p. 249.
chauderonnier, m., franç., Cauche, *Relat. de Madagascar*, 1651, p. 142.
mulas, marseillais, Gillius, 1533, p. 547.
muélas, m., provençal, Achard, 1785.
mulasse, f, anc. fr., Doubdan, *Voyage de la Terre Sainte*, 1666, p. 597.
mulart, m., *organne*, f., anc. fr., J. Thenaud, *Voyage d'Outremer*, éd. par Schefer, 1512, p. 6.
mular, m., franç., Du Pinet, 1625, II, 463.
peis mular, m., languedocien, Rondelet, 1558.
peis mulat, m., provençal, Du Pinet, 1625, I, 254.
senedette, f., Saintonge, Rondelet, 1558.
senedecto, f., anc. fr., R. François, 1622, p. 115.

Physeter macrocephalus (Bonnaterre). — LE CACHALOT.

(Voy. *Faune populaire*, t. I, p. 174.)

capitoleum, lat. du m. â., Gillius, 1533, p. 547.
physeter, *fusitera*, l. du m. â.

physeter macrocephalus, nomencl. de LINNÉ.
catodon macrocephalus, nomencl. de LACÉPÈDE.
physetère, f., *physitère*, f., anc. franç.
sphisitère, anc., fr., D'ASSOUCY, *Ovide en belle humeur*, 1650, p. 11.
soufleur, m., *soufleux*, m., franç., F. CAUCHE, *Relat. de Madagascar*, 1651, p. 142; CLAIRAC, *Us et cout. de mer*, 1671, p. 124; CHOISY, *Voyage de Siam*, 1687, p. 28.
souflur, *m.*, *dooufln boufày'ré*, *m.*, Gard, RÉGUIS.
baleine mâle, f., franç., COPPIER, *Voyage*, 1645. p. 95.
baleine à sperma ceti, f., franç., De FREYCINET, *Voyage autour du monde*, 1827, I, 585.
cachalot (1), m., fr. (pour l'étymol. de ce mot, voy. A. TOBLER (dans *Zeitsch. f. rom. Philol.*, 1880, p. 376.)
cachelot, m., anc. fr., RICHELET, 1708, sub verbo *sperme de baleine*.
byaris, basque, POMET, *Hist. génér. des drogues*, 1694, p. 74.

Sur le *sperma ceti* tiré de la cervelle du cachalot et sur l'*ambre gris* (2), calcul intestinal du même animal, voyez: POUCHET, *Hist. du sperma ceti* (dans *Bergens Museum Aarbok* for 1893) et IDEM, *Sur l'ambre gris*, Paris, 1893. — Sur l'ambre gris au moyen âge, voyez TEXIER, *Dict. d'orfèvrerie*, 1857, p. 83; GAY, *Gloss. archeol.*, 1882, p. 28; LABORDE, 1853, II, 127; J.-J. VIREY, *Orig. de l'ambre gris* (dans *Journ. de pharm.*, 1819, 385-403.)

(1) Le mot se trouve pour la première fois comme étant employé à *Saint-Jean-de-Luz, en 1670.* Voir *D. J. G. Elsneri de natura spermatis ceti* (dans *Ephemerides naturae curiosorum*, I (1670), p. 303.

(2) RABELAIS, *Pantagr.*, 1533, confond ensemble le sperma ceti et l'ambre gris. « *Sperme* de baleine qu'on appelle ambre gris. »

« Souffler comme un cachalot échoué sur le sable. » MÉNOUVEL, *Sang rouge*, s. d. (vers 1900).

Delphinus delphis (LINNÉ). — LE DAUPHIN

(Voy. *Faune pop.*, t. I, p. 172.)

1. — Noms de l'animal :

delphin, delphinus, dòlfinus, simon (1) l. du m. â. *dalfin, dalphin, doulphin, dalfi, dèrfi, daoüfin, dooufin, daoufi*, en divers dialectes anciens et modernes.

Sur les côtes de l'ouest on le confond avec *le marsouin*.

2. — TOPONOMASTIQUE :

Les Dauphins, localité d'Eure-et-Loir, MERLET.

3. — ENSEIGNES :

« Certaine maison prit pour enseigne *le Dauphin* dès l'année 1349, précisément à l'époque où Charles V en prit le premier titre. » Coulommiers, *Ess. hist. sur Seine-et-Marne*, 1834, I, p. 1093. — « [*Au Dauphin couronné* = ancienne enseigne à Saint-Quentin », GOMART, *Études Saint-Quentinoises*, II, 120.

4. — « *Caca dauphin* = espèce de couleur. » Lille, A. CAPON, *Marie-Claire*, 1896, p. 139.

« (1) *Simonis* nomine si appelletur, accurrere et piscatoribus operam suam navare narrant. » PLINE. — GILLIUS, 1533, p. 547, dit avoir fait l'expérience et qu'ayant appelé les dauphins du nom de *Simons*, ils sont venus à lui. — « Parmi les marsouins, les uns sont camus, qu'on appelle pour ce sujet *Simons*. » FOURNIER, *Hydrographie*, 1667, p. 183.

5. — « Avoir l'échine de daulphin. » XVIe s., *Hist. macar. de Merl. Coccaie*, éd. Jacob, p. 284.

6. — « *Dauphin*, m. = pâtisserie du XVIIe s., qui avait la forme d'un dauphin. » REGNIER, *Fables de La Fontaine*, VII, 137.

7. — « *Dauphin*, m. = terme de plomberie, extrémité inférieure d'un tuyau de descente, qui est en fonte et coudé pour renvoyer les eaux. » MORISOT, 1814.

8. — « Le daulphin folastre et ne fait que se jouer quand la tempeste bouleverse la mer et quand tout le monde tremble. » BINET, *Consolations aux malades*, 1642, p. 9.

« On y voit des daufins qui sont toûjours deux à deux, puisque ayant accoutumé de sauter en l'air en un même moment, sortant des filets ils ne se laissent pas prendre; il y a lieu de les admirer, sortant également de l'eau l'un auprès de l'autre, et retombant ensemble dans la mer dans le même moment comme s'ils étoient accouplez. » POMET, 1694.

9. — « Le dauphin reçoit ses petits dans son ventre durant les tempestes et les repousse, la bourrasque passée. » J.-P. CAMUS, *Homélies quadragés.*, 1615, p. 397.

10. — Le dauphin poursuivait dans la mer une anguille, mais celle-ci échappait toujours. Une fois elle dit : *dauphin viens dans nos mares, tu me prendras plus facilement.* Le dauphin y alla mais il mourut bien vite pâmé. Voyez : *Dialogue des créatures*, 1482, 37e dialogue.

« *Fort comme un dauphin en terre* = sans force. » COTGRAVE, 1650.

11. — *Symbolique*. — Pour le dauphin dans la symbolique chrétienne, voir : CAHIER, *Caractérist. des saints*, 1867, I, 306.

12. — *Héraldique*. — « En termes de blason on appelle *dauphin vif* celui qui a la gueule close et un œil, des dents et les barbes, crêtes et oreilles d'émail différent. Le *dauphin pâmé* est celui qui a la gueule béante, comme expirant et d'un seul émail. » *Dict. des Arts*, 1732. — « On dit que les dauphins sont *courbés*, quand ils ont la tête et la queue tournées vers la pointe de l'écu. » *Dict. de Trév.*, 1752. — « Quatre dauphins se trouvent dans les armes de vendeurs de poissons de mer. » LESPINASSE, *Métiers de Paris*, 1886, I, 407. — Sur le dauphin dans l'héraldique, voyez encore : GELIOT, 1660, I, 247-249; II, 432, 523, 527. — PRUDHOMME, *De l'origine et du sens des mots Dauphin et Dauphiné et de leurs rapports avec l'emblème du dauphin*, 1893.

13. — Sur le dauphin dans l'antiquité, voir : DELEHAYE, *Légendes hagiographiques*, 1905, pp. 218-221. — Sur le dauphin ami de l'homme, voir : P. SÉBILLOT, *Folkl.*, III, 69.

Delphinus phocaena (L.) LE MARSOUIN.

(Voy. *Faune pop.*, t. I, p. 173).

1. — Noms de l'animal :

suillus, *porcus marinus*, lat. du IVe s. apr. J.-C., ISIDORE DE SÉVILLE.

bacharus, *bacarius*, *bocharius*, *simo*, *pina*, lat. du m. â., DU C.; DIEF; WRIGHT.

porcinus, *mersuinus*, *porcopiscis*, *porpiscus*, *porpecia*, *porpes*, *porpedes* (au plur.), *porpetus*, *crassus piscis*, *craspiscis*, *grassus pesius*, *graspis*, *graspercius*, *piscis grossus*, *piscis regius* (1), lat. du m. â.

marisopa, lat. du vᵉ s. ap. J.-C., A. Thomas (dans *Romanica*, 1906, p. 183.)

marsupa, l. du m, â., Du C., VI, 327. Sur ce mot latin et ses dérivés romans, voyez : A. Thomas, dans *Romania*, 1906, p. 605) et Schuchardt (dans *Zeitsch. f. roman. Philol.*, 1906, p. 723).

vulgellus, l. du m. â., Boucherie, 1872.

escinius, l. du m. â., Dief.

thynnus, l. du m. â., Guinter, 1532, p. 43.

berellus, l. du m. â., Du C., I, 658.

morpha, l. du xviᵉ s., Curio, *De conservanda valetud.*, 1551, fᵒˡ 57, rᵒ. (Identification incertaine.)

porc de mer, *pourceau de mer*, *porcin*, *porpeys*, *pourpois*, *pourpoir*, *porpois de mer*, *pourpris*, *graspois*, *crapois*, *grapis*, *grampois*, *poisson à lard*, *marsuyn*, *marsoin*, *mersouyn*, *marchuyn*, *moerchouin*, anc. fr

lard à pois, franç., Duez, 1678, s. vᵒ *pelle grassa*.

porcille, f., franç., Duez, 1664.

porc mari, m., *suillo*, m., anc. provenç., Rayn.

truette, f., anc. fr., Du Pinet, 1625, II, 463.

marsoupe, f., île de Ré au xiiᵉ s., *Bull. hist. du comité*, 1894, p. 129; Poitou au moy. â., E. Clouzot, *Marais de la Sèvre Niortaise*, 1904, p. 126; Bordeaux, G. de Lurbe, *Statuts de Bordeaux*, 1612, p. 155. — La Teste (Gironde), Moureau.

moruhou, m., anc. fr., E. Picot, *Rec. de sott.*, 1904, II, 32.

---

(1) Echoué sur le rivage le marsouin appartenait au roi. « Le roi avait droit à la tête et la reine à la queue. » Normandie, au m. â., Du C., s. vᵒ *piscis regalis*.

morho, m., Angers et Nantes, BELON, *Hist. nat. des poiss.*, 1551, p. 9. [Le mot, dit BELON, est emprunté au breton.]

morhou, m., île de Bouin (Vendée), LUNEAU, *Doc. sur l'île de Bouin*, 1874, p. 60.

bec d'oye, m., anc. franç., BELON, *Hist. nat. des estr. poiss.*, 1551, p. 10.

oue de mer, f., fr. de 1437, ROBILLARD, *Arch. eccl. de la Seine-Inf.*, 1866, I, 120.

oye de mer, f., anc. fr., BELON, 1555. [Son museau ressemble au bec d'une oie.]

ouette, f., fr., BERNARD DE RESTE, *Pêche des Holl.*, an IX, I, 204.

brumvis, anc. wallon, GRANDG et SCHEL. [Le mot vient de l'allemand *Braunfisch*.]

taupe, f., Loire-Inférieure, L. BUREAU, 1898.

flèche de mer, f., franç., FURETIÈRE, 1708. (Ainsi appelé à cause de sa rapidité).

tounin, m., *porc marin*, m., provençal, RÉGUIS, *Mamm.*, 1880, p. 60.

thunnine, f., franç., A. THEVET, *Cosmogr. du levant*, 1554, p. 81.

tonine, f., franç., CAUCHE, *Relat. de Madagascar*, 1651, p. 142.

mor-houc'h, breton du Morbihan, TABLÉ. [Sur ce mot, voyez E. ERNAULT, *Gloss. moy. bret.*, 426.]

2. — ENSEIGNE :

Au Marsoin, ens. de Reims, en 1650, DU CHÉNOY, *Ens. de Reims*, 1904, p. 176.

3. — *Filer comme un marsouin* = filer vite, cet animal est renommé pour sa vitesse. » A. BOUET, *Pirate et Corsaire*. — « Leste comme un marsouin. » Marseille, *La Gaudriole*,

1893, p. 206. — « Le navire roulait bord sur bord comme un marsouin. » *Le Petit Journal, Supplément illustré du 25 avril 1891*. — « Et voilà que je m'amuse à étaler le courant, ni plus ni moins qu'un marsouin poussé par un révolin. » A. DUBARRY, *Le roman d'un baleinier*. — « La marsouine = la mer. » argot, BRUANT, 1901.

4. — « *Marsouin* = sur un navire, tente de l'avant dont la forme triangulaire a une certaine analogie avec le museau d'un m. » LA LANDELLE, *Langage des marins*, 1859, p. 204.

5. — « On appelle ironiquement *marsouin* un homme gros et bien chargé de graisse. » *Dict. de Trév.*, 1752. — *Marsouin* = terme de dénigrement : « Qui vois-je paraître? C'est notre vieil marsouin de maistre. » CHEVALIER, *Disgr. des domestiques*, comédie, 1662, p. 12. — « *Vilain marsouin* = terme d'injure, LA BEDOLLIÈRE, *Industriels*, 1842 p. 69. — « *Marsouin* = soldat d'infanterie de marine. » GINISTY, *Manuel du réserviste* 1882, p. 45.

6. — « *Orle de porpois de mer*, f. = peau de marsouin servant à border les vêtements. » anc. franç., GOMART, *Etudes saint-quentinoises*, 1844, I, 148.

7. — « Les marsouins ont quelque connaissance de leur mort et ils se lancent en terre afin de ne servir de proie aux autres poissons ; qu'il arrive qu'un meure en l'eau, les autres l'élèvent sur l'eau et s'assemblant à grandes troupes ne permettent que les autres poissons en fassent curée, ains le portent à terre et le font eschouer. » FOURNIER, *Hydrographie*, 1667, p. 183.

8. — « Marsouins sautant Annoncent le vent. » LABROSSE, *Prévision du temps*. — Du côté d'où viennent les mar-

soins de ce côté viendra le vent. » TACHARD, *Voyages de Siam*, 1686, p. 38. « Les marsouins vont bien souvent Au côté d'où viendra le vent, » KERHALLET, *Guide du marin*, 1863. — « Sautement des marsuyns, signe de tempeste. » xve s., *Bull. du bouquiniste*, 1863, p. 120.

Les marsouins sont célèbres par les sauts qu'ils font en mer :

Sur les flots élevés en butes,
Les marsouins font mille culbutes.
Henriade travestie, 1745, p. 8.

9. — « Le corps jeté à l'eau creusa son trou comme marsouin qui plonge. » *Le Conteur*, 1835, III, 234.

10. — « Les marsouins aiment les hommes parce qu'eux-mêmes, dans les temps jadis, ont conduit des barques ou des navires, au lieu de les suivre comme aujourd'hui. Ce sont les âmes des anciens marins de nos côtes... Ils sont vindicatifs et renversent les barques de ceux qui leur ont fait du mal... Les fées des grottes du rivage s'en servent comme de montures pour se promener en mer. » Bretagne franç., c. par M. Ad. ORAIN.

11. — « On ne tue pas les marsouins, parce que quand un homme est menacé par un requin, il se place entre lui et le squale. » Toulon, *Rev. d. trad. popul.*, 1902, p. 10.

12. — « Il ne faut pas aller à la pêche le jour de Pâques ; sinon les marsouins surviendraient et éloigneraient les maquereaux du rivage. » C.-du-N., SÉBILLOT, *Folkl. des pêcheurs*, 1901, p. 105.

Delphinus feres (BONNATERRE).

férés, m., provençal, SONNINI, *Hist. nat. des cétacés*, an XII, p. 430.

Monodon Monoceros (Linné). — LE NARVAL

1. — Noms de l'animal :

monoceros, *unicornu*, lat. du moy. âge.

dentix, lat. du m. â., Graff. [Identification incertaine ; le mot est traduit par l'anc. haut-all. *walera.*]

vibix, latin du m. â., Duvau (dans *Mém. de la soc. de ling.*, 1889). [Identification incertaine ; le mot est trad. par l'anc. haut-all. *walera.*]

rohallus, *rohanlus*, l. du m. â., Du C., V, 790.

narwalus vulgaris, nomenclature de Lacépède.

licorne du nord, f., franç., La Peyrère, *Relation du Groenland*, 1647, p. 71.

licorne de mer, f., *narwal*, m., français, Pomet, 1694.

rochal (1) m., *rohal* m., anc. fr., Du C., V, 791.

roal, m., fr. du xvie s., *Romania*, 1905, p. 614.

rohart, m., anc. fr., Laborde, 1853, II, 486 ; Constantinus, 1573 ; Catelan. *Nature de la licorne*, 1624, p. 43.

rouart, m., anc. fr., Gay, *Gloss. arch.*, 1882, p. 28.

rhoar, m., anc. fr., Pomet, 1694.

gar, m., (espèce de narval), D***, *Voy. de Marseille à Lima*, 1720, 2e part., p. 69.

nahvalr, *narhval*, scandinave, Fabricius, *Fauna groenlandica*, 1780, pp. 29-30.

2. — « Sa dent dont on fait quelquefois des cannes, formée d'un ivoire magnifique, très dur et très pesant, était recherchée dans les anciens cabinets de curiosités où elle était donnée comme la corne d'un quadrupède fabuleux.

(1) Ce nom a sans doute un rapport avec le mot norwégien *rorqual* qui est une espèce de cétacé.

On prétend que le narval profite de cette arme terrible pour attaquer la baleine. On trouve cet animal dans les mers du cercle polaire, particulièrement entre l'Islande et le Spitzberg, » BORY DE SAINT-VINCENT, *Les cétacés*, (dans *l'Encyclopédie moderne*).

Cette dent, qui a la forme d'une longue corne, est appelée :

ivoire de roal, franç du XVIe s. *Romania*, 1895, p. 614.
os de rohart, *yvoire de mer*, franç., CATELAN, *Nature de la licorne*, 1624, p. 43 et p. 44.
corne de licorne, f., français, POMET, 1694.
licorne, f., *lincorne*, f., anc. fr., GOD., IV, 636.

Cette longue corne du narval passait au moyen-âge pour appartenir à l'animal fabuleux appelé *licorne*. Voir : LABORDE, 1853, tome II, 359-365 ; LA PEYRÈRE, *Relat. du Groenland*, 1647, 62-94 ; POMET, 1694 ; VAN BENEDEN, *Hist. nat. des delphinides*, 1889, 237-253.

3. — Les anciens représentaient la licorne sous la forme d'un cheval ordinaire muni d'une longue corne sur le front. Ils avaient, sans doute, ouï dire que cette corne provenait d'une espèce de cheval. En effet cet animal est appelé *cheval marin* dans les dialectes du Nord de l'Europe.

Phoca Vitulina. L. — LE PHOQUE

(Voy. *Faune pop.*, t. I, p. 175.)

1. — Noms de l'animal :

phocas, *focar*, *phoca*, *foca*, *phitos*, *felehus*, *vitulus marinus*, *vitulus*, *bichus*, *bos marinus*, *taurus marinus*, *bullo*, *bromus marinus, leo marinus, canis marinus, salea* (1), *praxina, prasina, amphivia, amphiviera, spicălus, spigola*, l. du m. â., GOETZ; DU C.; DIEF.; GRAFF; WRIGHT; *Altdeutsche Blätter*, 1840, II, 108; SCHELER, *Trois tr.*

luta, l. du m. â., *Bibl. de l'école des chartes* 1849-1850, p. 420.

foca, f., *vedel mari, vedel de mar, biou dé mar*, anc. provenç. et anc. langued.

foco, f., *bioou marin*, m., *védéou marin*, m., provenç., RÉGUIS, *Mamm.*

phoque, fémin., JOS. DU CHESNE, *Grand miroir du monde*, 1598, p. 571; JEAN DE LAET, *Indes occid.*; 1640, p. 41.

veau de mer, veau marin, bœuf de mer, vache marine, anc. franç.

lionne de mer, f., franç., *Journal de Paris*, 1785, p. 376.

loup marin, m., franç., DE BETHENCOURT, *Le Canarien*, XVe s., éd. par Gravier, 1874, p. 20; FABRE, *Voyage de Pigàfetta*, 1522; BELON, 1555; etc. etc. [On l'appelle ainsi à cause de ses hurlements.]

loupasson, m. (= jeune phoque), franç., COTGRAVE, 1611.

louveton, m. (= jeune phoque), Ch. DE GAMON, *Pescheries*, 1599, f[et] 19, v°.

chien de mer, franç., H. G. H., *Hist. du Spitsberghe*, 1613, p. 20.

robbe, franç., JUNIUS, 1557; H. G. H., *Hist. du Spitsberghe*, 1613, p. 20. [Cf. *rubbe* = même animal, en allemand, selon MARTENS, *Spitzbergische Reise*, 1675, p. 75.

craspois, m., anc. fr., GOD., II, 357,

homme marin, m., franç., DU PINET, *Hist. du monde*, 1625, II, 463.

---

(1) Cf. l'anc. haut.-all. *selach, selh, zal*, et l'anglo-saxon *seolh*, qui signifient : *phoque*.

syrène (1), *femme marine* (2), anc. fr.

mommelu, m., franç.; *Lyon marchant, satyre franç.*, 1542, éd. en 1831. (Identification incertaine; le mot est peut-être : *mammelu = qui a des mamelles?*)

luyton, m., anc. fr. (Le mot est interprété par *gros poisson à tête d'homme*, ce qui convient bien au phoque. Voir G. HUET (dans *Le Moyen Age*, XIV, 1901, p. 32.)

luton de mer, m., franç. — « J'en sçay moins qu'un luton de mer. » anc. franç. du Nord-Est, G. de CHASTELLAIN, *Œuvres*, éd. Kervyn, VI, 113.

noitun marin, m., anc. fr. — [En parlant d'un cheval merveilleux, il est dit : « Sor mer fu nez, en haute rive Engendrez de noitun et d'yve (*jument*), Noituns marins estoit ses peres, Ive sauvage fut sa mère. » *Roman de Thèbes* cité par G. HUET (dans *Le Moyen Age*, XIV (1901), p. 32.)]

lutin, m., anc. fr.

2. — « Il y a cent soixante mille piétons tous armez de peaux de lutins. » RABELAIS, *Pantagruel*, 1533, réimpr. de 1904, p. 84. — « Des gands de lutin. » D'ASSOUCY, *Ovide en belle hum.*, 1650, p. 34. — « *Luiton, luitonel* = peau de phoque. » GOD., V, 51. — « Avec le veau marin on

(1) « On dit que le cygne chante en mourant et la syrene pleure et crie horriblement. » JOSSE, *Déroute de Babylone*, 1612, p. 361. — Ces hurlements semblent bien être ceux du phoque.

(2) Certaines *femmes marines* ayant accointance avec des matelots, semblent être des *phoques femelles*. Voy. BERGER DE XIVREY, *Tradit. tératol.*, 1836, p. 319 et 427. — « On prétend que la sirène a les parties de la génération si semblables à celles d'une femme, que l'on a vu des Arabes s'engager avec elle dans un commerce criminel. » Pays arabes, MICHAELIS, *Questions proposées*, 1774, p. 80. — Sur la sirène, au moyen âge, voyez : MARTIN et CAHIER, *Mél. archéolog.*, t. II.

fait des ceintures de cuir pelu. » BELON, *Hist. nat. des estranges poissons*, 1551, p. 20. — « ayant ceinture de *loup marin* de peur de la colique. » Noël DU FAIL, édit. Assézat, p. 14. — « Du cuir de veau marin on fait des ceintures ; ce cuir a une merveilleuse propriété, car le poil qui y demeure s'esleve quand la mer croist et s'abbesse, icelle se diminuant. » LA PRIMAUDAYE, *Academie françoise*, 1590, III, 110. — « On dit que le veau marin aime les hommes, mesmes qu'estant mort et porté sur soy, sa peau s'eleve si la mer se trouble et se rabaisse quand la mer est calme et qu'à ceste raison les mariniers s'en habillent. » XVIe s., G. BOUCHET, *Serées*, éd. Royale, II, 34.

3. — « *Le Veau Marin* = surnom d'un saltimbanque. » A. GERMAIN, *Petite chatte*, 1901, p. 104.

4. — « Souffler comme un phoque. » *Figaro du 24 oct. 1861* ; etc...

5. — « Leurs langues aussi doubles que celles de loups marins. » *Descript. des vies des peagers*, 1649, p. 7.

6. — « *Cela sent la sueur de phoque* = cela a certain goût désagréable. » Langage des marins, *Le Gil-Blas illustré du 23 juin 1895*.

7. — « La seule veue du veau marin fait vomir l'homme. » FUSI, *Mastigophore*, 1609, p. 122.

8. — Sur le phoque auquel on fait dire *papa*, voyez : ESCUDIER, *Saltimbanques*, 1875, p. 170.

9. — « Aussi gracieux à terre qu'un veau marin en visite chez le marchand de parapluies. » Langage des marins, *Régiment illustré du 12 déc. 1896*.

10. — « Si j'entends !... il faudrait avoir des oreilles de *veau marin* pour ne pas entendre. » L. REYBAUD, *Nouvelles*. (Le phoque passe pour ne pas avoir l'ouïe fine.)

11. — « Il les galleroit en loups marins. ». ALLARD, 1605, f[ol] 171, r°. — « Tu as beau te cintrer comme un phoque, si tu crois que..... » BOYER-REBIAB, *24 heures de bordée*, 1905, p. 251.

12. — « Les phoques sont des âmes en peine; quand un chrétien meurt sans être en état de grâce, il passe dans le corps d'un phoque et y reste jusqu'au jugement dernier. Une fois tous les cent ans, Dieu lui permet de revenir revoir les lieux qu'il a habités... Quelquefois, sous forme de beaux messieurs et de belles dames, les phoques viennent danser sur le rivage, après avoir dépouillé momentanément leurs peaux de bête. Malheur à celui qui enlève une de ces peaux ! » Bretagne, LAGARDE (dans *Journal des jeunes filles*, 1846.)

Trichechus manatus (LINNÉ). — LE LAMANTIN

manatus, nomenclat. de RONDELET, 1554.
lamantin, m., français, COPPIER, *Voyages*, 1645, p. 108 ; etc.
vache marine, franç., POMET, 1694.
beste à la grand dent, f., français, SAGARD, *Voyage au pays des Hurons*, 1632, p. 38.
manati, arabe, MICHAELIS, *Questions proposées*, Amsterd., 1774, p. 70. — espagnol, DUTERTRE, *Hist. des isles Saint-Christophe*, 1654, p. 264.

Trichechus rosmarus (LINNÉ). — LE MORSE

rusmarus, fosmarus (lisez *rosmarus*), l. du m. â., DIEF. [Ces deux noms sont interprétés par les mots allemands : *rostinger, rüstinger, russwuhl, russor.*]

morse, m., *vache de mer*, f., *vache marine*, franç., H. G. H., *Hist. du Spitsberghe*, 1613, p. 8.

éléphant, m., franç., Du Pinet, *Hist. du monde*, 1625, II, 463.

cheval marin, *vache marine*, *vache à la grande dent*, *éléphant de mer*, français.

lion marin, m., franç., De Pagès, *Voyages*, 1782, II, 148.

rosmar, m., français, Gerard de Vera, *Trois navigations*, 1599, p. 53. (Le mot *rosmar* est scandinave.)

Pelagius monachus (Cuvier).

moine de mer, *lamio*, franç., *Descript. du voyage de Gunea*, 1605, p. 64.

moine de mer, *lamion*, français, F. Cauche, *Relat. de Madagascar*, 1651, p. 141.

tête de moine, f., franç., Rochefort, *Hist. nat. des Antilles*, 1667, I, 386.

LISTE DES OUVRAGES CITÉS EN ABRÉGÉ

(Supplément. Voir le tome VII.)

Allard (Marcellin), *Gazzette françoise*, 1605.

Amé (Emile), *Dict. topogr. du Cantal*, 1897.

Arbois (d') de Jubainville, *Sur les noms de lieu*, 1890.

Belon (Pierre), *Nature et diversité des poissons*, 1555.

Bessas (de) de la Mégie, *Légendaire de la noblesse*, 1865,

Blavignac, *L'empro genévois*, 1875.

Blosseville (de), *Dictionn. topogr. de l'Eure*, 1878.

Bona Spes, *Proverbia communia*, s. d. (XVe s.).

Bonnier (Charles), *Proverbes de Templeuve* (dans *Forsch. des roman. Philol.*, *Festg. f. H. Suchier*, Halle, 1900).

Bouillet (J.-B.), *Dictionnaire des lieux habités du P.-de-D.*, 1864.

Bouillet (J.-B.), *Descr. archéol. des monuments du P.-de-D.* 1875.

Bouteiller (de), *Dict. topogr. de la Moselle*, 1874.

Boutiot (Th.) et E. Socard, *Dict. top. de l'Aube*, 1874.

Brun-Durand (J.), *Dict. topogr. de la Drôme*, 1891.

Buffet (Th.), *Vocab. mourmé-franç.* (dans *Revue savoisienne*, 1900).

Chavot (Th.), *Le Mâconnais, dict. topogr.*, 1884, in-12.

Chazaud, *Dict. des noms de lieux de l'Allier*, 1881.

Colas (Emile), *Dict. du patois périgourdin*, 1905.

Constantinus (Rob.), *Supplementum linguæ latinæ*, Lugduni, 1573.

Cornulier (E. de), *Dict. des terres du Comté nantais*, 1857.

GAFFET DE LA BRIFFARDIÈRE, *Nouv. traité de vénerie*, 1742, in-8°.

GASTON PHŒBUS, *La Chasse*, édit. de Jos. de Lavallée, Paris, 1854.

GERMER-DURAND (E.), *Dict. topogr. du Gard*, 1868.

GILLIUS (Petrus), *Ex Aeliani historia latini facti libri de natura animalium*, Lugduni, 1533.

GORSE (MM.), *Au Bas Pays de Limousin*, 1896.

GOURGUES (DE), *Dict. topogr. de la Dordogne*, 1873.

GRUTERUS (Janus), *Florilegium ethico-politicum*, Frankfurti, 1610, in-8.

GUIGUE (M.-C.), *Topog. histor. de l'Ain*, 1873.

GUILLEMIN (Jules), *Dictionn. topogr. de l'arr. de Louhans*, 1866.

GUINTERIUS (Jeannes), *Pauli Aegineti opus de re medica latinitate donatum per J. Guintertum*, Parisiis, 1532.

HIPPEAU (C.), *Dict. topogr. du Calvados*, 1883.

HUBERT (Eugène). *Dict. hist. et géogr. de l'Indre*, 1889.

Jean D'ORLÉANS, *Anc. lieux dits de Nouvion en Thiérache*, 1903.

LABORDE (DE), *Emaux du Louvre*, 1853, 2 vol. in-8. (Le deuxième volume a été donné au public une seconde fois, sous le titre de *Glossaire du moyen âge*, en 1872. C'est une supercherie).

LA BROSSE (Guy de), *Nature et utilité des plantes*, 1628.

LAPAIRE (Hugues), *Patois berrichon*, 1903.

LECLER (A.), *Dictionn. topogr. de la Creuse*, 1902.

LEDAIN, *Dict. topogr. des Deux-Sèvres*, 1902.

LEPAGE (Henri), *Dictionn. topogr. de la Meurthe*, 1862.

LIÉNARD (Félix), *Dict. topogr. de la Meuse*, 1872.

LONGNON (Auguste), *Dict. topogr. de la Marne*, 1891.

MAITRE (Léon), *Dictionn. topogr. de la Mayenne*, 1878.

MATTON (Auguste), *Dict. topogr. de l'Aisne*, 1871.

MERLET (Lucien), *Dict. topogr. d'Eure-et-Loir*, 1861.

MISSOUX, *Proverbes d'Ambert* (dans *Annales d'Auvergne*, tome X, 1837).

Mortreuil (J. A. B.), *Dict. topogr. de l'arr. de Marseille*, 1872.
Noter (Raphaël de), *Dict. français-argot*, 1901.
Nucerin (J.), *Proverbes communs*, 1612.
O'Kelly (Alph.), *Dictionn. des devises des familles de Belgique*, 1865.
Orbigny (Ch. d'), *Dictionn. d'histoire natur.*, 1841-1849.
Orléans (Jean d'), *Lieux-dits de La Thiérache*, 1903.
Pascal (Félix), *Hist. topogr. de Seine-et-Marne*, 1836.
Peigné-Delacourt, *Topogr. du canton de Ribécourt* (Oise), 1873.
Pesche (J. R.), *Dictionn. topogr. de la Sarthe*, 1836-1842.
Phœbus Gaston, *La Chasse*, édit. de Jos. de Lavallée, 1854.
Pichot (E.), *Patois de Saint-Pern*, etc. (dans *Annales de Bretagne*, 1899-1900).
Quantin (Max.), *Dict. topogr. de l'Yonne*, 1862.
Raymond (Paul), *Dictionn. topogr. des Basses-Pyrénées*, 1863.
Rédet (M. L.), *Dict. topogr. de la Vienne*, 1881.
Réguis (J. A. F.), *Hist. natur. des vertébrés de Provence*, Marseille, 1882.
Revel du Perron, *Dict. topogr. de l'arrond. d'Arles*, 1871.
Roman (J.), *Hist. topogr. des Hautes-Alpes*, 1884.
Roman (J.), *Étymologie des noms de lieux des Hautes-Alpes*; 1887.
Rondelet (Guill.), *Hist. des poissons*, 1558.
Rosenzweig, *Dict. topogr. du Morbihan*, 1870.
Roserot (Alph.), *Dict. topogr. de la Haute-Marne*, 1903.
Salnove (Robert de), *La Vénerie royale*, 1655, réimpres. L. Favre, Niort, 1888.
Sirand (Alex.), *Communes de l'Ain*, 1856.
Skeat, *Nominale sive verbale* (dans *Transact. of the philol. society*, 1906).
Soultrait (G. de), *Dict. topogr. de la Nièvre*, 1865.
Stoffel (G.), *Dict. topogr. du Haut-Rhin*, 1868.
Tarbé (Pr.) *Hist. des patois de Champagne*, 1851.

THOMAS (Eugène), *Dict. topogr. de l'Hérault*, 1865.
VERNIER (J.), *Dict. topogr. de la Savoie*, 1897.
VICTOR (Hierosme), *Tesoro de las tres linguas, francesa, italia y española*, Genève, 1609, in-8.
WODROEPHE (John), *Marrow of the french tongue*, London, 1625, in-4°.

TABLE DES MATIÈRES

Noms latins :

	Pages		Pages
Canis lupus	1	Physeter.	154
Canis vulpes.	111	Delphinus delphis. . . .	156
Balaena	146	Delphinus phocaena. . .	158
Balaena mysticetus . . .	151	Monodon monoceros . .	163
Balaena boops.	152	Phoca vitulina	163
Balaenoptera.	152	Trichechus.	168
Orca gladiator	152	Pelagius	169

Noms français :

	Pages		Pages
Loup.	1	Cachalot.	154
Loup-garou	103	Dauphin	156
Renard.	111	Marsouin.	158
Baleine.	146	Narval	163
Gibbar.	152	Phoque.	164
Rorqual	152	Lamantin.	168
Épaulard.	152	Morse	168
Mular.	154		

ERRATUM

P. 1, *lirpus*, *lyrcus*, *herpus*, n'appartiennent pas au latin du moyen âge, ce sont de vieux mots italiotes échoués dans les glossaires de DU CANGE et de DIEFENBACH.

CHARTRES. — IMPRIMERIE ED. GARNIER.

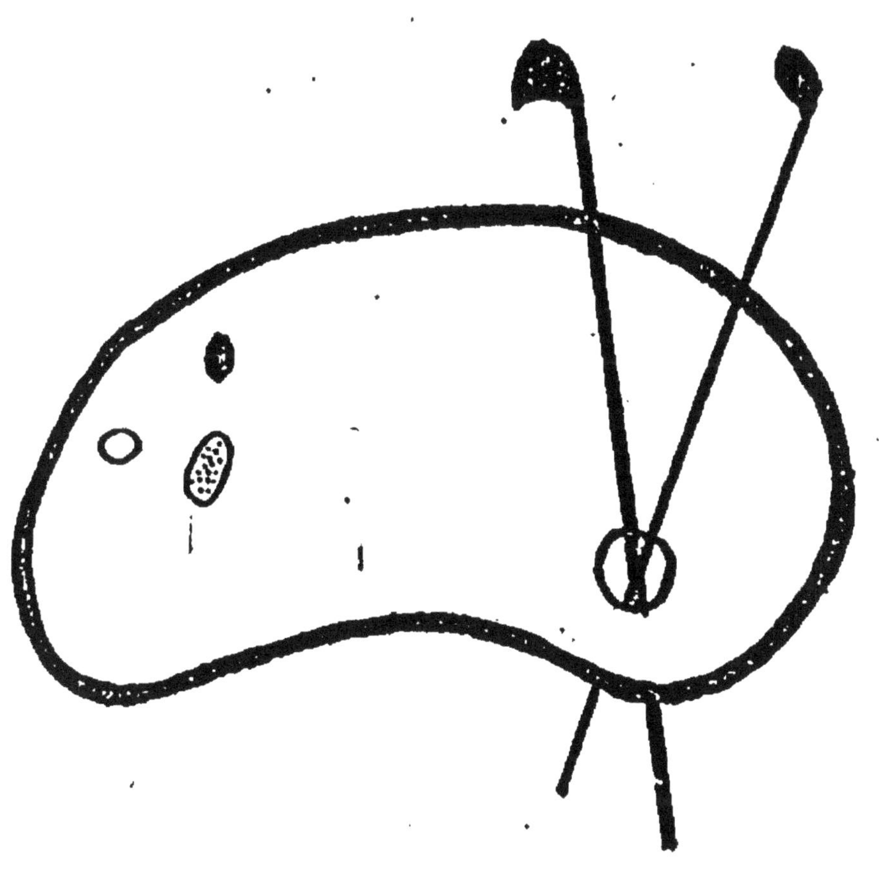

www.ingramcontent.com/pod-product-compliance
Ingram Content Group UK Ltd.
Pitfield, Milton Keynes, MK11 3LW, UK
UKHW021044200726
13857UKWH00003B/803

9 782012 934399